학습 플래너와 ... 고

영어회

____________ 의 해커스톡 영어회화 10분의 기적

미국에서 당장 써먹는 영어 학습 플래너

나의 목표와 다짐을 적어보세요.

나는 ______________을 하기 위해

________년 _____월 _____일까지 이 책을 끝낸다!

나의 학습 플랜을 정해보세요.

☐ 25일 완성 (하루에 Day 2개씩)
☐ 50일 완성 (하루에 Day 1개씩)
☐ ___일 완성 (하루에 Day ___개씩)

학습을 마친 Day 번호를 체크해 보세요.

1	2	3	4	5	6	7	8	9	10
11	12	13	14	15	16	17	18	19	20
21	22	23	24	25	26	27	28	29	30
31	32	33	34	35	36	37	38	39	40
41	42	43	44	45	46	47	48	49	50

영어회화 공부하는 하루 10분이 더 재밌어지는

해커스톡의 추가 자료 8종

- 교재 무료 팟캐스트 강의
- 모바일 스피킹 훈련 프로그램
- 대화문 & 표현 MP3
- 매일 영어회화 무료 강의
- 매일 영어회화 표현
- 오늘의 영어 10문장
- 스피킹 레벨테스트
- 데일리 무료 복습 콘텐츠

이렇게 이용해보세요!

팟캐스트 강의는

① 팟빵 사이트(www.Podbbang.com)나 팟빵 어플 혹은 아이폰 Podcast 어플에서 '해커스톡' 검색

② 유튜브 사이트(www.youtube.com)나 유튜브 어플에서 '해커스톡' 검색

③ 네이버TV 사이트(tv.naver.com)나 네이버TV 어플에서 '해커스톡' 검색

④ 네이버 오디오클립 사이트(audioclip.naver.com)나 오디오클립 어플에서 '해커스톡' 검색

⑤ 해커스영어(Hackers.co.kr) 사이트 접속 → 기초영어/회화 탭 → 무료 영어컨텐츠 → 영어회화 10분의 기적 | 팟캐스트

모바일 스피킹 훈련 프로그램은

책의 각 Day에 있는 QR 코드 찍기

대화문 & 표현 MP3는

해커스톡(HackersTalk.co.kr) 접속 후 로그인 ▶ 상단의 [무료강의/자료 → 무료 자료/MP3] 클릭

매일 영어회화 무료 강의는

'해커스 ONE' 어플 설치 후 로그인 ▶ [무료학습]

매일 영어회화 표현, 오늘의 영어 10문장은

'해커스 ONE' 어플 설치 후 로그인 ▶ [무료학습] ▶ 상단의 [오늘의 영어 10문장] 혹은
[매일 영어회화 학습]에서 이용

스피킹 레벨테스트는

해커스톡(HackersTalk.co.kr) 접속 ▶ 상단의 [무료 레벨테스트] 클릭

데일리 무료 복습 콘텐츠는

'밴드' 어플 설치 ▶ 밴드에서 '해커스톡' 검색 후 접속 ▶ 매일 올라오는 무료 복습 콘텐츠 학습

해커스톡 영어회화 10분의 기적

★ 당장 ★

미국에서 써먹는 영어

왕초보영어 탈출

해커스톡

왕초보도 영어 회화가 가능해지는

10분의 기적 학습법

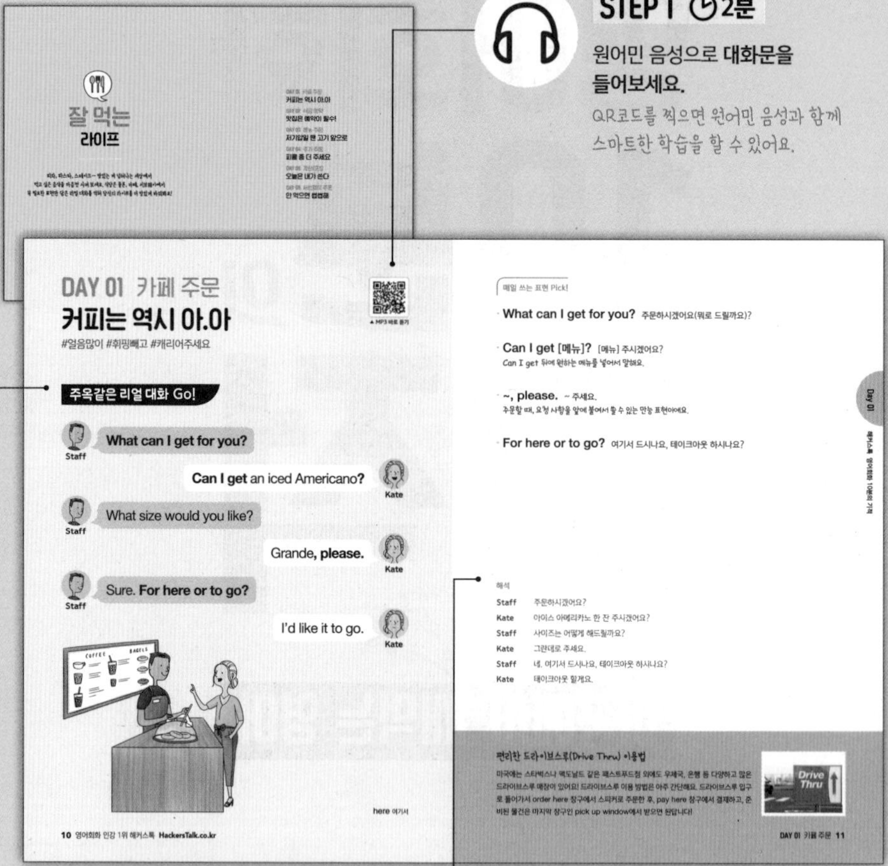

잘 먹는 라이프

커피는 역시 아.아
맛집은 예약이 필수!
저기압일 땐 고기 앞으로
피클 좀 더 주세요
오늘은 내가 쏜다

DAY 01 카페 주문
커피는 역시 아.아

#얼음많이 #휘핑빼고 #캐리어주세요

▲ MP3 바로 듣기

주옥같은 리얼 대화 Go!

Staff: **What can I get for you?**
Kate: **Can I get** an iced Americano?
Staff: What size would you like?
Kate: Grande, **please.**
Staff: Sure. **For here or to go?**
Kate: I'd like it to go.

here 여기서

10 영어회화 인강 1위 해커스톡 HackersTalk.co.kr

매일 쓰는 표현 Pick!

What can I get for you? 주문하시겠어요(뭐로 드릴까요)?

Can I get [메뉴]? [메뉴] 주시겠어요?
Can I get 뒤에 원하는 메뉴를 넣어서 말해요.

~, please. ~ 주세요.
주문할 때, 요청 사항을 앞에 붙여서 쓸 수 있는 만능 표현이에요.

For here or to go? 여기서 드시나요, 테이크아웃 하시나요?

해석

Staff 주문하시겠어요?
Kate 아이스 아메리카노 한 잔 주시겠어요?
Staff 사이즈는 어떻게 해드릴까요?
Kate 그란데로 주세요.
Staff 네. 여기서 드시나요, 테이크아웃 하시나요?
Kate 테이크아웃 할게요.

편리한 드라이브스루(Drive Thru) 이용법

미국에는 스타벅스나 맥도날드 같은 패스트푸드점 외에도 우체국, 은행 등 다양하고 많은 드라이브스루 매장이 있어요! 드라이브스루 이용 방법은 아주 간단해요. 드라이브스루 입구로 들어가서 order here 창구에서 스피커로 주문한 후, pay here 창구에서 결제하고, 준비된 물건은 마지막 창구인 pick up window에서 받으면 된답니다!

Day 01

DAY 01 카페 주문 11

STEP 1 2분

원어민 음성으로 **대화문을 들어보세요.**

QR코드를 찍으면 원어민 음성과 함께 스마트한 학습을 할 수 있어요.

STEP 2 4분

원어민 음성을 듣고 발음과 억양을 **살려 한 문장씩 따라 말해보세요.**

따라 하기 어려운 문장은 반복해서 연습해 보세요.

STEP 3 2분

한글 해석만 보고 영어로 말해보세요.

문장이 잘 떠오르지 않는다면 다시 듣고 따라 말해보세요.

보너스 STEP 2분

보너스 리얼 표현 Talk!의 유용한 표현들도 원어민 음성으로 들어보세요.
박스 안에 다양한 표현을 넣어서 연습하면 응용력도 UP!
반복해서 듣고 따라 하며 학습하면 생활영어 정복!

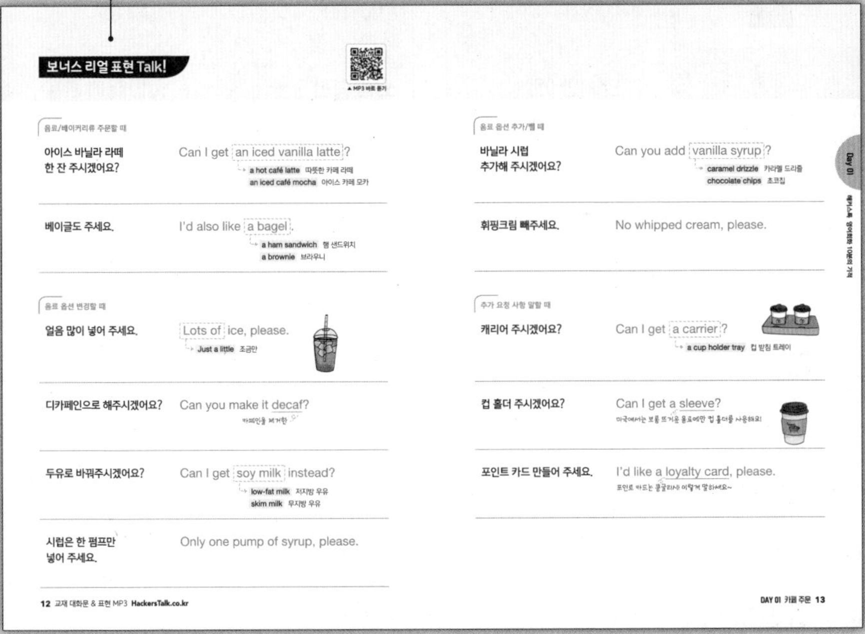

보너스 리얼 표현 Talk!

▲ MP3 바로 듣기

음료/베이커리류 주문할 때

아이스 바닐라 라떼 한 잔 주시겠어요? Can I get an iced vanilla latte?
→ a hot café latte 따뜻한 카페 라떼
an iced café mocha 아이스 카페 모카

베이글도 주세요. I'd also like a bagel.
→ a ham sandwich 햄 샌드위치
a brownie 브라우니

음료 옵션 변경할 때

얼음 많이 넣어 주세요. Lots of ice, please.
→ Just a little 조금만

디카페인으로 해주시겠어요? Can you make it decaf?
카페인을 제거한

두유로 바꿔주시겠어요? Can I get soy milk instead?
→ low-fat milk 저지방 우유
skim milk 무지방 우유

시럽은 한 펌프만 넣어 주세요. Only one pump of syrup, please.

12 교재 대화문 & 표현 MP3 HackersTalk.co.kr

음료 옵션 추가/뺄 때

바닐라 시럽 추가해 주시겠어요? Can you add vanilla syrup?
→ caramel drizzle 카라멜 드리즐
chocolate chips 초코칩

휘핑크림 빼주세요. No whipped cream, please.

추가 요청 사항 말할 때

캐리어 주시겠어요? Can I get a carrier?
→ a cup holder tray 컵 받침 트레이

컵 홀더 주시겠어요? Can I get a sleeve?
미국에서는 보통 뜨거운 음료에만 컵 홀더를 사용해요!

포인트 카드 만들어 주세요. I'd like a loyalty card, please.
포인트 카드는 쿨하게 이렇게 말하세요~

Day 01 해커스톡 영어회화 10분의 기적

DAY 01 카페 주문 13

10분 스피킹 핸드북

미국에서 당장 써먹을 수 있는 만능 대화문 50개를
언제 어디서나 휴대하며 연습할 수 있어요!
QR코드를 찍고 원어민 음성을 들으면서 학습해보세요.

목차

미국에서 당장 써먹는 **필수 상황 50**

넘겨서 목차 더 보기 →

미국에서 당장 써먹는 **필수 상황 50**

잘 먹는 라이프

피자, 파스타, 스테이크… 맛있는 게 넘쳐나는 세상에서
먹고 싶은 음식을 마음껏 시켜 보세요. 식당은 물론, 카페, 서브웨이에서
꼭 필요한 표현만 담은 리얼 대화를 익혀 당신의 라이프를 더 맛있게 바꿔봐요!

DAY 01 카페 주문

커피는 역시 아.아

DAY 02 식당 예약

맛집은 예약이 필수!

DAY 03 메뉴 주문

저기압일 땐 고기 앞으로

DAY 04 추가 주문

피클 좀 더 주세요

DAY 05 계산/포장

오늘은 내가 쏜다

DAY 06 서브웨이 주문

안 먹으면 썹썹해

DAY 01 카페 주문

커피는 역시 아.아

#얼음많이 #휘핑빼고 #캐리어주세요

▲ MP3 바로 듣기

주옥같은 리얼 대화 Go!

Staff: **What can I get for you?**

Kate: **Can I get** an iced Americano**?**

Staff: What size would you like?

Kate: Grande**, please.**

Staff: Sure. **For here or to go?**

Kate: I'd like it to go.

here 여기서

매일 쓰는 표현 Pick!

· **What can I get for you?** 주문하시겠어요(뭐로 드릴까요)?

· **Can I get [메뉴]?** [메뉴] 주시겠어요?
Can I get 뒤에 원하는 메뉴를 넣어서 말해요.

· **~, please.** ~ 주세요.
주문할 때, 요청 사항을 앞에 붙여서 쓸 수 있는 만능 표현이에요.

· **For here or to go?** 여기서 드시나요, 테이크아웃 하시나요?

해석

Staff	주문하시겠어요?
Kate	아이스 아메리카노 한 잔 주시겠어요?
Staff	사이즈는 어떻게 해드릴까요?
Kate	그란데로 주세요.
Staff	네. 여기서 드시나요, 테이크아웃 하시나요?
Kate	테이크아웃 할게요.

편리한 드라이브스루(Drive Thru) 이용법

미국에는 스타벅스나 맥도날드 같은 패스트푸드점 외에도 우체국, 은행 등 다양하고 많은 드라이브스루 매장이 있어요! 드라이브스루 이용 방법은 아주 간단해요. 드라이브스루 입구로 들어가서 order here 창구에서 스피커로 주문한 후, pay here 창구에서 결제하고, 준비된 물건은 마지막 창구인 pick up window에서 받으면 된답니다!

보너스 리얼 표현 Talk!

▲ MP3 바로 듣기

음료/베이커리류 주문할 때

아이스 바닐라 라떼 한 잔 주시겠어요?

Can I get [an iced vanilla latte]?

→ a hot café latte 따뜻한 카페 라떼
an iced café mocha 아이스 카페 모카

베이글도 주세요.

I'd also like [a bagel].

→ a ham sandwich 햄 샌드위치
a brownie 브라우니

음료 옵션 변경할 때

얼음 많이 넣어 주세요.

[Lots of] ice, please.

→ Just a little 조금만

디카페인으로 해주시겠어요?

Can you make it decaf?

카페인을 제거한

두유로 바꿔주시겠어요?

Can I get [soy milk] instead?

→ low-fat milk 저지방 우유
skim milk 무지방 우유

시럽은 한 펌프만 넣어 주세요.

Only one pump of syrup, please.

음료 옵션 추가/뺄 때

바닐라 시럽 추가해 주시겠어요?

Can you add [vanilla syrup]?

→ caramel drizzle 카라멜 드리즐
chocolate chips 초코칩

휘핑크림 빼주세요.

No whipped cream, please.

추가 요청 사항 말할 때

캐리어 주시겠어요?

Can I get [a carrier]?

→ a cup holder tray 컵 받침 트레이

컵 홀더 주시겠어요?

Can I get a sleeve?

미국에서는 보통 뜨거운 음료에만 컵 홀더를 사용해요!

포인트 카드 만들어 주세요.

I'd like a loyalty card, please.

포인트 카드는 콩글리시! 이렇게 말하세요~

DAY 02 식당 예약

맛집은 예약이 필수!

▲ MP3 바로 듣기

#예약 #취소 #변경 #창가자리주세요

주옥같은 리얼 대화 Go!

Sam: Can I **make a reservation** for tonight at 7?

Staff: Sure. **For how many people?**

Sam: **There will be** four **of us.**

Staff: **May I get your name, please?**

Sam: It's Sam Miller.

Staff: OK, Sam. See you tonight at 7.

reservation 예약   tonight 오늘 저녁

매일 쓰는 표현 Pick!

- **make a reservation** 예약하다

- **For how many people?** 몇 분이신가요?

- **There will be [숫자] of us.** [숫자] 명이에요.
  be 뒤에 인원수(숫자)를 넣어서 말해요.

- **May I get your name, please?** 성함 알려주시겠어요?

해석

Sam	오늘 저녁 7시에 예약할 수 있을까요?
Staff	그럼요. 몇 분이신가요?
Sam	네 명이에요.
Staff	성함 알려주시겠어요?
Sam	Sam Miller입니다.
Staff	네, Sam씨. 오늘 저녁 7시에 뵐게요.

노쇼에 대응하는 미국의 히든카드!

예약해놓고 감감무소식, 취소한다는 연락 없이 현장에 나타나지 않는 노쇼(No Show) 때문에 음식점 사장님들이 골머리를 앓고 있다고 하는데요. 날로 늘어나는 노쇼를 방지하기 위해 미국에서는 예약금 제도를 시행하는 레스토랑이 많아졌다고 해요. 예약금 제도 덕분에 레스토랑의 노쇼가 4%까지 줄었다고 하니 효과를 톡톡히 보고 있네요!

보너스 리얼 표현 Talk!

▲ MP3 바로 듣기

예약할 때

창가 쪽 테이블로 예약할 수 있을까요?

Can we get a table by the window?

→ outside 야외에

조용한 곳에 앉을 수 있을까요?

Can we be seated in a quiet area?

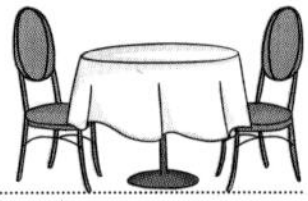

룸 있나요?

Do you have private rooms?

룸으로 예약할 수 있을까요?

Can we reserve a private room?

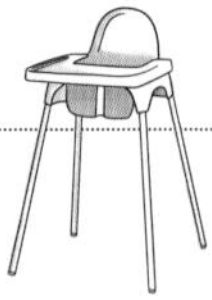

유아용 의자가 필요해요.

I need a high chair.

식탁이 달린 높은 유아용 의자를 가리켜요.

식당에 도착했을 때

James로 예약했어요.

I have a reservation under James.

예약자 이름을 넣어 말하세요.

대기 시간이 얼마나 돼요?

How long is the wait?

대기 시간

대기자 명단에 올려 주실래요?

Can you put me on the waiting list?

대기자 명단

예약 취소/변경할 때

예약 취소할 수 있을까요?

Can I cancel my reservation?

→ change 변경하다

두 명 더 올 거예요.

We have two more people coming.

추가 인원수(숫자)를 넣어 말하세요.

DAY 03 메뉴 주문

저기압일 땐 고기 앞으로

▲ MP3 바로 듣기

#스테이크주문 #메뉴추천 #덜맵게

주옥같은 리얼 대화 Go!

Waiter: **Are** you **ready to** order?

Dan: **I can't decide. What do you recommend?**

Waiter: **Why don't you** try the sirloin steak**?**
It's our most popular dish.

Dan: Sounds good. **I'll have** that.

Waiter: How would you like it cooked?

Dan: Medium rare, please.

decide 결정하다 recommend 추천하다

매일 쓰는 표현 Pick!

- **be ready to ~** ~할 준비가 되다
  to 뒤에 order처럼 동사를 붙여서 사용해요.

- **I can't decide.** 결정을 못 하겠어요.

- **What do you recommend?** 어떤 걸 추천하세요?

- **Why don't you ~?** ~하는 건 어떠세요?
  Why don't you 다음에는 try the sirloin steak처럼 권유하는 행동을 넣어서 말해요.

- **I'll have [메뉴]** 전 [메뉴]로 할게요
  I'll have 뒤에 that, the pizza(피자) 등 메뉴를 넣어서 주문해요.

해석

Waiter	주문하시겠어요(주문할 준비가 되셨나요)?
Dan	결정을 못 하겠어요. 어떤 걸 추천하세요?
Waiter	등심 스테이크 드셔보는 건 어떠세요? 저희의 가장 인기 있는 메뉴예요.
Dan	괜찮네요. 전 그걸로 할게요.
Waiter	어떻게 익혀드릴까요?
Dan	미디엄 레어로 주세요.

안심 스테이크를 영어로 뭐라고 하지?

부드러운 안심 또는 씹는 맛이 있는 등심처럼 각자 취향에 따라 스테이크의 부위를 고르는데요. 안심은 tenderloin[텐더로인], 등심은 영어로 sirloin[써로인]이라고 한답니다. 둘 중 하나로 결정하기 어렵다면 두 부위를 동시에 즐길 수 있는 T-bone[티본] 스테이크를 추천해요!

보너스 리얼 표현 Talk!

▲ MP3 바로 듣기

종업원이 왔을 때

주문할게요. I'd like to order.

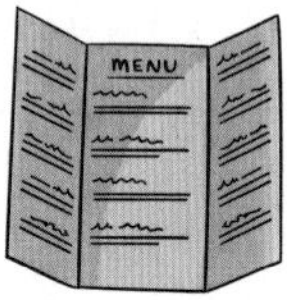

아직 준비가 안 됐어요. I'm not ready yet.

주문 전 메뉴에 대해 물어볼 때

이 집 뭐 잘해요? What's good here?

뭘 먹을지 고민될 땐 가장 잘하는 메뉴가 무엇인지 물어봐요.

제일 인기 있는 메뉴가 뭐예요? What's your most popular dish?

오늘의 요리는 뭐예요? What's today's special?

today's special: 오늘의 요리, 특선메뉴

채식 메뉴 있나요? Are there any vegetarian options?

vegetarian: 채식주의자

메뉴를 시킬 때

같은 메뉴로 주세요. I'll have the same.

일행과 같은 메뉴를 시키고 싶을 때 사용해 보세요.

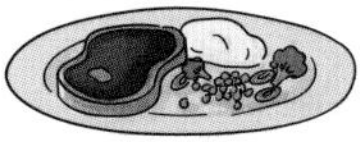

덜 맵게 해줄 수 있나요? Can you make it less spicy?

견과류 빼주실래요? Can I get it without nuts?

→ shellfish 조개류, 갑각류
dairy 유제품

소스는 따로 주실 수 있나요? Can I get the sauce on the side?

찍먹파라면? 소스를 따로 달라고 할 때 사용해 보세요~

DAY 04 추가 주문
피클 좀 더 주세요

#음료리필 #넘짜요 #머리카락 #우이씨

▲ MP3 바로 듣기

주옥같은 리얼 대화 Go!

Waiter: **Are you enjoying your meal?**

Sam: Yes. **Everything's great.**
But **can I get some more** pickles**?**

Waiter: OK. Would you like some more water, too?

Sam: **That would be great.**

Waiter: Can I get you anything else?

Sam: **That's it.** Thank you.

meal 식사

매일 쓰는 표현 Pick!

· **Are you enjoying your meal?** 식사 잘하고 계시나요?
식사 중에 종업원이 와서 더 필요한 것은 없는지 체크할 때 이렇게 물어본답니다.

· **Everything's great.** 다 좋아요.

· **Can I get some more ~?** ~ 좀 더 주시겠어요?
pickles나 sauce(소스)처럼 더 필요한 것을 more 뒤에 넣어 요청하세요.

· **That would be great.** 그럼 좋죠(그럼 좋을 것 같아요).

· **That's it.** 그게 다예요(더 필요한 것이 없어요).

해석

Waiter	식사 잘하고 계시나요?
Sam	네. 다 좋아요. 근데 피클 좀 더 주시겠어요?
Waiter	네. 물도 더 드릴까요?
Sam	그럼 좋죠.
Waiter	더 필요한 것 있으신가요?
Sam	그게 다예요. 감사합니다.

미국에서 "웨이터~"는 No 매너!

미국 식당에서는 보통 테이블마다 담당 종업원이 지정되어 있어요. 그래서 물이나 냅킨이 필요할 땐, 주문을 받았던 그 종업원에게 말해야 한답니다. 이는 테이블에서 내는 팁이 담당 종업원의 수입이 되기 때문인데요. 요청할 게 있을 땐 "웨이터~"라고 부르는 대신 담당 종업원을 바라보며 "Excuse me."(저기요.)라고 불러보세요.

보너스 리얼 표현 Talk!

▲ MP3 바로 듣기

추가로 요청할 때

리필해 주실래요? Can I get a refill?

음료 리필을 요청할 때 사용해 보세요.

메뉴판 볼 수 있을까요? Can I see the menu?

포크 하나 더 주시겠어요? Can I get one more fork?

→ spoon 숟가락
knife 나이프

이거 하나 더 주시겠어요? Can I get one more of this?

접시 좀 갖다주실래요? Can you bring me a plate?

→ some napkins 냅킨

컴플레인 할 때

음식이 너무 짜요.

It's too salty.

- spicy 매워요
- bitter 써요

컵이 더러워요.

This cup is dirty.

- dish 접시
- fork 포크

이거 안 시켰어요.

I didn't order this.

음식에 머리카락이 있어요.

There's a hair in my food.

a hair, hair 모두 가능하며, something(뭔가) 등을 넣어 말할 수도 있어요.

한참 기다렸어요.

I've been waiting for a long time.

DAY 05 계산/포장
오늘은 내가 쏜다

▲ MP3 바로 듣기

#계산서 #한꺼번에 #반반계산 #포장

주옥같은 리얼 대화 Go!

Gina: **Can we have the check, please?**

Waiter: Sure. Would you like separate checks?

Gina: **No need, I'm buying.**

Waiter: OK. Do you need anything else?

Gina: **Can I get a to-go container?**

Waiter: Of course. I'll be right back.

check 계산서 to-go container 포장 용기

매일 쓰는 표현 Pick!

· **Can we have the check, please?** 계산서 주시겠어요?

· **No need.** 아니요(그럴 필요 없어요).
'굳이 할 필요가 없다'는 뜻으로, 제안을 거절할 때 많이 사용해요.

· **I'm buying.** 제가 다 계산할게요(제가 살게요).

· **Can I get a to-go container?** 포장 용기 주시겠어요?
미국에서는 손님이 포장 용기를 받아 자리에서 직접 포장하는 경우가 많아요.

해석

Gina	계산서 주시겠어요?
Waiter	네. 계산서 따로 드릴까요?
Gina	아니요, 제가 다 계산할게요.
Waiter	네. 더 필요한 것 있으신가요?
Gina	포장 용기 주시겠어요?
Waiter	그럼요. 바로 올게요.

항상 헷갈리는 팁, 얼마를 줘야 하나요?

미국과 우리나라의 가장 큰 차이점인 팁 문화! 미국에서는 보통 총금액의 15~20%를 팁으로 내는데요. 너무 복잡해서 바로바로 계산하기 어렵죠. 팁 계산하는 쉬운 방법을 알려드릴게요! 뉴욕이나 LA에서는 영수증에 명시된 tax 금액의 두 배를 팁으로 내면 적당해요. 소비세(sales tax)가 약 9% 정도거든요.

보너스 리얼 표현 Talk!

▲ MP3 바로 듣기

영수증/포장 요청할 때

영수증 주시겠어요? Can we get a receipt?

이거 포장해 줄 수 있나요? Can you wrap this up?

음식점에 따라 직원이 포장해주는 경우도 있어요.

한꺼번에 계산할 때

내가 쏠게! It's on me!

금액이 적을 때는 잘 쓰지 않는다는 점! 참고하세요~

내가 한턱낼게! It's my treat!

treat: 대접, 선물

내가 계산할게. I'll take care of it.

밥값을 내가 다 처리하겠다(take care)는 의미예요.

따로 계산할 때

반반씩 내자. | Let's go 50-50.
[피프티-피프티]로 읽어요.

계산서 따로 주시겠어요? | Can you split the bill?
계산서(bill)를 나눈다(split)는 의미예요.

전 스파게티 먹었어요. | I had the spaghetti.
각자 계산할 때 자기가 먹은 메뉴를 넣어 말하세요.

카드 두 개로 나눠서 계산해도 될까요? | Can we put it on two cards?
금액을 부과하다

이걸로 30달러 먼저 계산해 주세요. | Put $30 on this one first, please.

DAY 06 서브웨이 주문

안 먹으면 썹썹해

▲ MP3 바로 듣기

#올리브빼줘 #양상추많이 #세트메뉴

주옥같은 리얼 대화 Go!

Can I get a six-inch Italian Melt?

Sam

Sure. What kind of bread would you like?

Staff

I'd like the honey oat.

Sam

What about veggies and sauce**?**

Staff

Everything but olives.

And ranch for the sauce.

Sam

OK. Do you want to **make it a combo**?

Staff

Yes, please.

Sam

ranch 랜치 소스(마요네즈에 허브를 섞은 소스)

매일 쓰는 표현 Pick!

- **I'd like ~** ~로 주세요
  빵 종류를 고를 때처럼, 내가 고른 옵션 또는 메뉴를 like 뒤에 붙여서 말해요.

- **What about ~?** ~는요?
  빵 종류를 물어본 후 야채, 소스를 물어본 것처럼, 앞서 말한 내용과 이어서 물어볼 때 사용해요.

- **Everything but [재료]** [재료]만 빼고 다 넣어주세요

- **make it a combo** 세트 메뉴로 하다(콤보로 만들다)
  세트 메뉴는 콩글리시! 미국인들은 combo(콤보)라고 해요~

해석

Sam	6인치 이탈리안 멜트로 주시겠어요?
Staff	네. 빵은 어떤 것으로 하시겠어요?
Sam	허니 오트로 주세요.
Staff	야채랑 소스는요?
Sam	올리브만 빼고 다 넣어주세요. 소스는 랜치로 주시고요.
Staff	네. 세트 메뉴로 하시겠어요?
Sam	네, 그렇게 해주세요.

커스터마이징(customizing), 나만의 메뉴 만들기!

미국에는 내가 먹고 싶은 대로 재료를 더하고 빼서 취향껏 메뉴를 주문할 수 있는 음식점이 많아요. 이를 커스터마이징(customizing)이라고 하는데요. 보통 샌드위치, 햄버거, 샐러드처럼 주문 즉시 재료를 넣어 만들어주는 곳에서 커스터마이징을 활용할 수 있어요. 그리고 프랜차이즈 브랜드마다 유명한 커스터마이징 방법들이 있으니 꼭 검색해보세요!

보너스 리얼 표현 Talk!

▲ MP3 바로 듣기

메뉴 주문할 때

오늘의 샌드위치로 주시겠어요?

Can I get the sub of the day?

서브웨이에서는 요일별로 한 가지 메뉴를 할인된 가격에 판매해요.

세트 메뉴로 주세요.

I'd like the combo, please.

세트 메뉴

콜라도 주시겠어요?

Can I also get Coke?

→ a cookie 쿠키
the soup 수프

빵에 대해 말할 때

빵 토스트 해주실래요?

Can I have my bread toasted?

→ heated 데우다

반으로 잘라 주세요.

Please cut it in half.

반으로

토핑 고를 때

오이 빼주세요. No cucumbers, please.

→ onions 양파
jalapeños 할라피뇨

양상추 더 넣어 주세요. Extra lettuce, please.

→ pickles 피클
tomatoes 토마토

다 넣어 주시겠어요? Can I get it with everything?

빼고 싶은 토핑이 없을 때, 모조리 다 넣어달라고 말하세요.

소스 고를 때

머스타드로 주시겠어요? Can I get mustard on it?

→ sweet onion 스위트 어니언 소스

마요네즈는 조금만 넣어 주세요. Not too much mayo, please.

마요네즈(mayonnaise)를 짧게 mayo라고 해요.

소금과 후추만 뿌려 주시겠어요? Can I just get salt and pepper?

쇼핑 라이프

쇼핑하면서 제품을 찾을 때, 다른 색상을 원할 때, 우물쭈물은 이제 그만!
옷, 신발, 식품, 그리고 화장품까지, 원하는 모든 것을 자신 있게 요청하세요.
교환, 환불할 때 사용하는 필수 표현까지 익혀 스마트한 쇼핑을 즐겨 볼까요?

DAY 07 옷 쇼핑
안 사면 0원, 사면 영원

DAY 08 신발 쇼핑
요즘 핫한 운동화 겟!

DAY 09 교환/환불
고민 끝에 환불

DAY 10 마트
쿠폰은 유효기간 필독!

DAY 11 화장품 쇼핑
꿀피부의 비결

DAY 07 옷 쇼핑
안 사면 0원, 사면 영원

▲ MP3 바로 듣기

#M사이즈 #입어볼게요 #지름신강림

주옥같은 리얼 대화 Go!

Dan: **Do you have this in** a size medium**?**

Staff: I'm sorry, but we only have a large.

Dan: Oh . . . **Can I try it on?**

Staff: Sure. It's on sale for $200.

Dan: **That's a great deal.**

It fits well. **I'll take it.**

Staff: Great. I can ring you up over here.

on sale 세일 중인 **ring ~ up** ~을 결제해주다

매일 쓰는 표현 Pick!

· **Do you have this in [사이즈]?** 이거 [사이즈]로도 있나요?
a size medium이나 a size 4(4 사이즈)처럼 사이즈를 붙여서 물어봐요.

· **Can I try it on?** 입어봐도 돼요?
신발을 신어봐도 되는지 물어볼 때에도 사용할 수 있어요.

· **That's a great deal.** 가격 정말 괜찮네요.

· **I'll take it.** 이거 살게요(이걸로 할게요).

해석

Dan	이거 미디엄 사이즈로 있나요?
Staff	죄송하지만, 라지밖에 없어요.
Dan	아… 입어봐도 돼요?
Staff	그럼요. 200달러에 세일 중이에요.
Dan	가격 정말 괜찮네요. 잘 맞아요. 이거 살게요.
Staff	좋아요. 여기서 결제 도와드릴게요.

물건을 싸게 살 수 있는 주가 따로 있다?

미국은 주마다 소비세의 비율이 달라서 같은 물건이라도 물건을 구매한 주에 따라 소비자 가격이 달라져요. 인터넷 쇼핑을 할 때에도 구매자의 주소에 따라 소비세가 다르게 매겨지고요. 오리건, 델라웨어, 몬태나, 뉴햄프셔, 그리고 알래스카의 경우 소비세를 부과하지 않는다고 하니 참고해서 스마트한 쇼핑을 즐겨봐요!

보너스 리얼 표현 Talk!

▲ MP3 바로 듣기

찾고 있는 옷 말할 때

청바지를 찾고 있어요. I'm looking for a pair of jeans.

→ a jacket 자켓
a sweater 스웨터

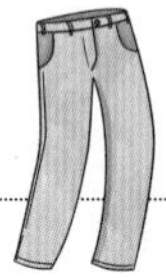

패딩 점퍼가 필요해요. I need a padded jacket.

패딩 점퍼는 콩글리시! 미국인들은 이렇게 말해요.

정장 원피스 있나요? Do you have any formal dresses?

정장의, 격식을 차린

그냥 둘러보고 있어요. I'm just looking.

아이쇼핑 중인데 직원이 뭘 찾는지 물어볼 때 이렇게 말해봐요.

추가 문의할 때

이거 세일 가격인가요? Is this the sale price?

상품권으로 계산해도 돼요? Can I pay with a gift card?

상품권

사이즈/색상 물어볼 때

더 작은 사이즈 있나요?

Do you have a smaller size?

→ larger 더 큰

이거 다른 색상으로도 있나요?

Do you have this in a different color?

재고가 없을 때

재고 언제 들어오나요?

When will it be in stock?

재고가 있는

재고 들어오면 연락 주실 수 있나요?

Can I be notified when it's in stock?

통지를 받다

DAY 08 신발 쇼핑

요즘 핫한 운동화 겟!

▲ MP3 바로 듣기

#검은색있나요 #신발사이즈 #발볼좁아요

주옥같은 리얼 대화 Go!

Gina: **Do you have** these sneakers **in** black**?**

Staff: **Let's see . . .** Here it is.

We also have them in white.

Gina: Wow! **They all look good.**

Staff: They're one of our most popular sneakers.

Gina: Really? **Which color sells best?**

Staff: Well, the black one is almost sold out.

sneakers 운동화 sold out 완판된, 품절의

매일 쓰는 표현 Pick!

- **Do you have [상품] in ~?** 이 [상품] ~로도 있나요?
  black처럼 찾고 있는 색깔을 in 뒤에 넣어서 물어봐요.

- **Let's see.** 확인해 볼게요.

- **They all look good.** 다 좋아 보여요.

- **Which color sells best?** 어떤 색깔이 가장 잘나가요?
  어떤 색깔로 살지 고민될 때는 점원한테 가장 잘나가는 색을 물어보는 것도 좋아요!

해석

Gina	이 운동화 검은색으로도 있나요?
Staff	확인해 볼게요… 여기요. 흰색으로도 있어요.
Gina	와! 다 좋아 보여요.
Staff	저희 매장에서 제일 인기 있는 운동화 중 하나예요.
Gina	정말요? 어떤 색깔이 가장 잘나가요?
Staff	음, 검은색은 거의 완판됐어요.

미국에서 내 신발 사이즈는?

미국 신발 사이즈는 우리나라와 다르게 한 자릿수로 표기되고, 여성과 남성 사이즈가 구별돼요. 여성 사이즈 235mm는 6.5, 240mm는 7이에요. 남성 사이즈 265mm는 8.5, 270mm는 9랍니다. 기억해두면 좋겠죠? 긴가민가할 때에는 "Can you measure my feet?"(발 사이즈 측정해 주실래요?)라고 물어보세요.

Size Chart

US Man	mm	US Woman
-	230	6
-	235	6.5
6	240	7
6.5	245	7.5
8	260	-
8.5	265	-
9	270	-

보너스 리얼 표현 Talk!

▲ MP3 바로 듣기

찾고 있는 신발 말할 때

운동화가 필요해요. I need a pair of sneakers.

boots 부츠
sandals 샌들
dress shoes 정장 구두

겨울용 신발이 필요해요. I need some winter shoes.

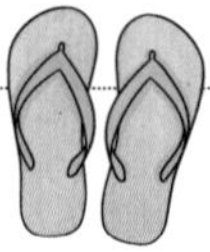

쪼리를 찾고 있어요. I'm looking for flip-flops.

쪼리를 신고 걸을 때 나는 찰싹찰싹 소리에서 유래했어요.

신발 사이즈 물어볼 때

이 신발 7 사이즈로 있나요? Do you have these in a size 7?

찾고 있는 신발 사이즈를 넣어 말해요.

발 사이즈 측정해 주실래요? Can you measure my feet?

measure 측정하다

신발이 불편할 때

발 볼이 너무 좁아요.

They are too [narrow] for me.

→ wide 넓어요

신발이 너무 꽉 껴요.

They are too [tight].

→ loose 헐렁해요

이 신발 더 낮은 굽으로 있나요?

Do you have these in a lower heel?

더 높은 굽을 원할 땐 a higher heel을 넣어 말해요.

소재에 대해 물어볼 때

방수되나요?

Are these waterproof?

방수되는

진짜 가죽인가요?

Are these real leather?

가죽

DAY 09 교환/환불

고민 끝에 환불

#반품 #사이즈교환 #영수증분실

▲ MP3 바로 듣기

주옥같은 리얼 대화 Go!

Dan: **I'd like to return** this coat.

Staff: Oh, is there a problem with it?

Dan: Well, **it's too** big **for me.**

Staff: We have a size small **in stock.**

Dan: No, thanks. **I prefer** a medium.

Staff: Alright. Do you have your receipt?

return 반품하다 receipt 영수증

매일 쓰는 표현 Pick!

· **I'd like to return [물건]** [물건]을 반품하고 싶어요
return 뒤에는 this coat처럼 반품하고 싶은 물건을 넣어서 말해요.

· **It's too ~ for me.** 저한테 너무 ~해요.
too 뒤에는 big, small(작은), tight(꽉 끼는) 등을 넣어서 말해요.

· **in stock** 재고가 있는

· **I prefer ~** 전 ~을 선호해요 (전 ~이 더 좋아요)

해석

Dan	이 코트를 반품하고 싶어요.
Staff	아, 혹시 옷에 문제가 있나요?
Dan	음, 저한테 너무 커요.
Staff	스몰 사이즈는 재고가 있어요.
Dan	아뇨, 괜찮아요. 전 미디엄을 선호해요.
Staff	그렇군요. 영수증 갖고 계시나요?

미국은 환불이 너무 쉬워!

환불받을 때 왠지 모를 따가운 눈총 받아보셨나요? 미국에서는 그런 일이 거의 없어요! 소비자 중심의 환불 제도가 발전되었기 때문인데요. 유명한 일화로, 미국 노드스트롬(Nordstrom) 백화점에서는 타이어 환불을 요청한 손님에게 바로 환불을 해줬는데, 사실 그 백화점에서는 타이어를 팔고 있지 않았다고 해요. 팔지도 않은 물건을 환불해준 거죠!

보너스 리얼 표현 Talk!

▲ MP3 바로 듣기

반품/교환할 때

환불하고 싶어요.

I'd like a refund.

refund: 환불

스몰 사이즈로 교환할 수 있을까요?

Can I exchange this for a small?

a small → something else 다른 것

반품하고 세일 가격으로 다시 살 수 있나요?

Can I return this and buy it at the sale price?

영수증을 잃어버렸어요.

I lost my receipt.

lost: 잃어버리다

추가 요금 있나요?

Is there an extra charge?

extra charge: 추가 요금

반품 이유 말할 때

안 맞아요.

It doesn't fit.

옷이 잘 안 맞아서 핏이 영 ~ 아닐 때의 느낌으로 기억하면 참 쉽죠?

구멍이 있어요.

There's a hole in it.

→ a tear 찢어진 곳

얼룩이 있어요.

There's a stain on it.

얼룩

살 때는 몰랐어요.

I didn't notice when I bought it.

알아차리다

마음이 바뀌었어요.

I changed my mind.

이미 비슷한 게 있어요.

I already have something similar.

비슷한

DAY 10 마트

쿠폰은 유효기간 필독!

▲ MP3 바로 듣기

#쿠폰사용? #봉투주세요 #영업시간은?

주옥같은 리얼 대화 Go!

Staff: **That'll be** $15, **sir.**

Sam: I have a coupon for the apples.

Staff: Um . . . **I'm afraid** this expired yesterday.

Sam: Really? I'll **take out** the apples, then.

Staff: No problem. Your total is $10.

Sam: OK. Here's my card.

coupon 쿠폰 expire 기한이 지나다

매일 쓰는 표현 Pick!

- **That'll be [금액]** [금액]입니다

- **sir** 손님, 선생님
이름을 모르는 남성에게 쓰는 공손한 호칭이에요. 여성에게는 ma'am이라고 해요.

- **I'm afraid ~** 죄송합니다만 ~
부탁을 거절할 때처럼 유감스러운 내용을 말할 때 본론에 덧붙이는 표현이에요.

- **take out [물건]** [물건]을 빼다
장바구니에서 빼려는 물건을 뒤에 넣어서 말해요.

해석

Staff	15달러입니다, 손님.
Sam	저 사과 쿠폰 있어요.
Staff	음… 죄송합니다만 이거 기한이 어제까지였네요.
Sam	정말요? 그럼 사과는 뺄게요.
Staff	그러세요(문제없어요). 총 10달러입니다.
Sam	네. 여기 제 카드예요.

대형 마트의 천국, 미국!

미국에는 월마트(Walmart)와 같은 종합 할인 마트도 많지만, 특정 품목만 취급하는 대형 마트들도 많아요. 로우스(Lowe's)처럼 정원을 가꿀 때 필요한 가드닝 용품만 전문적으로 판매하는 대형 매장도 인기가 많고, 홈디포(Home Depot)처럼 집 한 채를 뚝딱 지을 수 있을 만큼 다양한 자재를 파는 대형 철물점도 찾아볼 수 있답니다.

보너스 리얼 표현 Talk!

▲ MP3 바로 듣기

계산할 때

이것도 같이 계산할게요. I'll take this, too.

this 자리에 this gum(이 껌)처럼 상품을 넣어서도 말할 수 있어요.

봉투 하나 더 주시겠어요? Can I get an extra bag?

장바구니 가져왔어요. I have my own shopping bag.

할인/멤버십에 대해 물어볼 때

포인트 사용할 수 있나요? Can I use my points?

→ this coupon 이 쿠폰

멤버십 카드 신청하고 싶어요. I'd like to sign up for a membership card.

이거 세일 중인가요? Is this on sale?

물건 찾을 때

피망 있나요?

Do you have [bell peppers]?
→ cabbage 양배추
garlic 마늘

유제품 코너를 못 찾겠어요.

I can't find the [dairy] section.
→ meat 육류
vegetable 채소

땅콩버터 어디 있나요?

Where can I find the peanut butter?

영업시간을 물어볼 때

몇 시에 문 여나요?

What time do you [open]?
→ close 닫나요

영업시간이 어떻게 돼요?

What are your business hours?
영업시간

새해 첫날에도 문 여나요?

Will you be open on [New Year's Day]?
→ the holidays 공휴일

DAY 11 화장품 쇼핑

꿀피부의 비결

▲ MP3 바로 듣기

#피부타입 #민감성 #선크림 #샘플있나요

주옥같은 리얼 대화 Go!

Staff: **How can I help you?**

Kate: **Can you recommend a** face wash**?**

Staff: Sure. Why don't you try this new product?

Kate: **Is it OK for** sensitive **skin?**

Staff: Yes. It's organic.

Kate: Thanks. I'll **have a look around.**

face wash 폼 클렌징 sensitive skin 민감성 피부

매일 쓰는 표현 Pick!

· **How can I help you?** 무엇을 도와드릴까요?

· **Can you recommend a [제품]?** [제품] 추천해 주시겠어요?
직원에게 추천받고 싶은 제품을 recommend 뒤에 붙여서 말해요.

· **Is it OK for [타입] skin?** [타입] 피부에도 괜찮나요?
sensitive나 oily(지성), dry(건성)처럼 피부 타입을 넣어서 물어보세요.

· **have a look around** 둘러보다(구경해보다)

해석

Staff	무엇을 도와드릴까요?
Kate	폼 클렌징 추천해 주시겠어요?
Staff	그럼요. 이 신제품을 사용해보는 건 어떠세요?
Kate	이거 민감성 피부에도 괜찮나요?
Staff	네. 유기농 제품이에요.
Kate	감사합니다. 좀 둘러볼게요.

스킨은 영어로 skin일까?

앗, 스킨이 떨어졌다! 그런데 드럭스토어에 가서 "Do you have a 스킨?" 하면 점원이 어리둥절해 할 수 있어요. 스킨은 콩글리시이기 때문인데요! 스킨은 toner[토너], 선크림은 sunscreen[썬스크린]이라고 해요. 속눈썹 뷰러는 eyelash curler[아이래쉬 컬러], 틴트는 lip stain[립 스테인]이라고 하니 쇼핑할 때 알아두세요~

보너스 리얼 표현 Talk!

▲ MP3 바로 듣기

제품을 찾을 때

바디 로션 있나요?

Do you have body lotion?

- serum 세럼/에센스
- aftershave 애프터셰이브 로션
- eye cream 아이크림

제 피부는 지성이에요.

I have oily skin.

- dry 건성
- combination 복합성

제일 잘 팔리는 파운데이션이 뭐예요?

What's the best-selling foundation?

- mascara 마스카라
- lip balm 립밤

테스트/샘플 요청할 때

테스트해 봐도 돼요?

Can I try it?

샘플 있나요?

Do you have any samples?

제품에 대해 물어볼 때

이거 대용량으로도 있나요? Does this come in a bigger size?

- a smaller size 소용량
- travel size 여행용 사이즈

천연 화장품인가요? Is this an all-natural product?

all-natural: 100% 천연의

이거 커버력 좋나요? Does this have good coverage?

이거 다른 컬러로도 있나요? Does this come in a different shade?

화장품의 컬러를 말할 때에는 color가 아닌 shade를 사용해요.

편리한 라이프

옷에 커피를 쏟아 드라이클리닝을 맡길 때나, 휴대폰 액정이 깨져버렸을 때,
리얼 대화만 확실하게 익힌다면 영어 걱정 없이 편리한 서비스를 마음껏 누릴 수 있어요.
보너스 표현도 활용해서 원하는 서비스를 척척 요청해보세요!

DAY 12 미용실
수지 머리 하고 싶다

▲ MP3 바로 듣기

#사진처럼 #해주세요 #커트 #새치염색

주옥같은 리얼 대화 Go!

Staff: What can I do for you today?

Gina: I want to **get a perm** like this actor.

Staff: Sure. How about **dyeing** your **hair** pink, too?

Gina: Hm . . . **How do you think I'll look?**

Staff: I think it'll look perfect.

Gina: Let's do it! **Can't wait!**

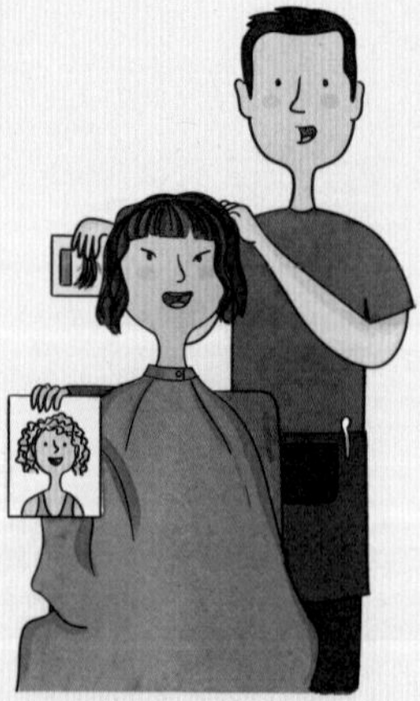

actor 배우

매일 쓰는 표현 Pick!

- **get a perm** 파마하다

- **dye ~ hair** 염색하다
  dye와 hair 사이에는 your, my(나의) 등 염색할 사람을 넣어서 말해요.

- **How do you think I'll look?** 어때 보일 것 같아요?

- **Can't wait!** 기대돼요!

해석

Staff	오늘은 어떻게 해드릴까요?
Gina	이 배우처럼 파마하고 싶어요.
Staff	네. 핑크색으로 염색도 하는 건 어때요?
Gina	흠… 어때 보일 것 같아요?
Staff	정말 잘 어울릴 것 같아요(완벽해 보일 것 같아요).
Gina	그렇게 해주세요! 기대돼요!

미국 미용실에서는 팁이 필수?

우리나라의 미용실에서는 공짜 음료는 물론, 샴푸와 두피 마사지까지 해주죠. 그런데 미국 미용실에서는 그렇지 않답니다. 시술 비용에 샴푸 서비스는 포함되어 있지 않기 때문이에요. 또한, 미용사에게도 총금액의 20% 정도의 팁을 줘야 해요. 샴푸나 드라이를 해주는 사람이 따로 있다면 별도로 1~2달러 팁을 주는 것이 좋고요!

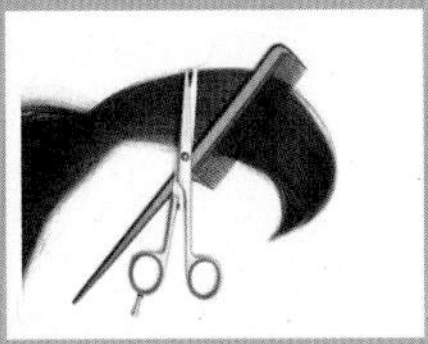

보너스 리얼 표현 Talk!

▲ MP3 바로 듣기

머리를 자르고 싶을 때

커트해 주시겠어요?

Can I get a haircut?

haircut: 커트

상한 부분을 자르고 싶어요.

I'd like to cut off my split ends.

split ends: 상해서 갈라진 머리카락 끝부분을 가리켜요.

앞머리 잘라 주시겠어요?

Can you give me bangs?

→ a bob 단발

바버샵 이용할 때

투블럭하고 싶어요.

I'd like to get an undercut.

→ a quick trim 다듬기
a buzz cut 반삭

수염 정리해 주시겠어요?

Can you clean up my beard?

→ thin it out a bit 숱을 치다
shorten my sideburns 구레나룻을 정리하다

펌/매직하고 싶을 때

웨이브 좀 넣고 싶어요.
I want to add some [waves].
→ volume 볼륨

매직하고 싶어요.
I want my hair straightened.
straightened: 쫙 펴진

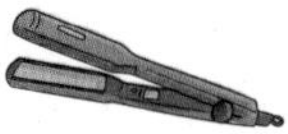

염색하고 싶을 때

갈색으로 염색하고 싶어요.
I want to dye my hair brown.
brown: 원하는 색을 넣어서 말해요.

금발로 염색하고 싶어요.
I'd like to go blonde.

뿌리염색 하고 싶어요.
I'd like to [get my roots done].
→ bleach my hair 탈색하다
cover up my grey hair 새치염색하다

DAY 13 세탁소
새 옷처럼 깨끗하게

▲ MP3 바로 듣기

#드라이클리닝 #얼룩지우기 #허리줄이기

주옥같은 리얼 대화 Go!

Dan: **I'd like to get this dry-cleaned.**

Staff: OK. Any other items?

Dan: Just the jacket. There's a coffee stain here.

Staff: Alright. I'll **make a note** of it.
I'm sure it'll **come out**.

Dan: Great. **When can I pick it up?**

Staff: It should be ready by noon tomorrow.

stain 얼룩 noon 정오

매일 쓰는 표현 Pick!

- **I'd like to get this dry-cleaned.** 이거 드라이클리닝 맡기고 싶어요.

- **make a note** 메모해 놓다(기록해 두다)

- **I'm sure ~** 확실히 ~ (~라고 확신해요)
  '분명히 그럴 거야', '그럴 게 틀림없어'라는 뉘앙스의 표현이에요.

- **come out** (얼룩이) 빠지다

- **When can I pick it up?** 언제 가지러 오면 돼요?

해석

Dan	이거 드라이클리닝 맡기고 싶어요.
Staff	네. 다른 것도 있나요?
Dan	이 재킷만요. 여기 커피 얼룩이 있어요.
Staff	그렇군요. 제가 메모해 놓을게요. 확실히 빠질 거예요.
Dan	좋아요. 언제 가지러 오면 돼요?
Staff	내일 정오까지는 준비될 거예요.

내일 꼭 입어야 하는 옷이 더러워졌다면?

세탁소에 드라이클리닝을 맡기면 세탁물을 받을 때까지 보통 2~3일, 늦게는 일주일까지도 걸리죠. 더 빨리 세탁물을 받고 싶은 고객들을 위해 미국의 많은 세탁소에서는 당일에 세탁물을 가져갈 수 있는 당일 서비스(same-day service)를 운영해요. 추가 금액이 붙기는 하지만, 급한 일이 있을 때 편하게 이용할 수 있어요.

보너스 리얼 표현 Talk!

▲ MP3 바로 듣기

드라이클리닝 맡길 때

색깔 빠질까요? Will the color wash out?
wash out 빠지다

이거 100% 실크예요. This is 100 percent silk.

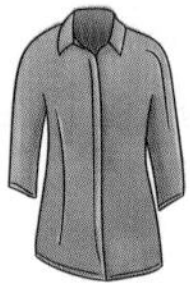

조심해 주세요. Please be careful with it.
careful 조심하는

소요 시간에 대해 물어볼 때

얼마나 걸리나요? How long will it take?

금요일까지 가능할까요? Can it be done by Friday?

당일 서비스 있나요? Do you offer same-day service?
→ overnight 1일
express 빠른

수선 맡길 때

찢어진 부분 수선해 주시겠어요?

Can you repair this tear?

→ fix the button 단추를 달다

허리 줄여주시겠어요?

Can you narrow the waist?

(폭을) 좁히다

바지 기장을 줄여주시겠어요?

Can you hem these pants?

단을 올리다

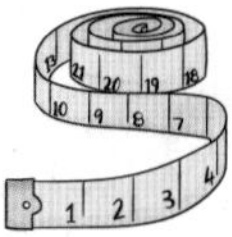

어깨를 줄여주시겠어요?

Can you take the shoulders in?

소매를 줄이고 싶어요.

I want to shorten the sleeves.

→ lengthen 늘리다

DAY 14 우체국

로켓 배송 부탁해요

#익일배송 #언제도착? #국제우편

▲ MP3 바로 듣기

주옥같은 리얼 대화 Go!

Sam: **I want to send this package to** Chicago.

Staff: Is Standard Post OK?

Sam: **How long will it take?**

Staff: It'll arrive within five working days.

Sam: **That's fine with me. How much is it?**

Staff: That'll be $10.

Standard Post 보통 우편 working day 영업일

매일 쓰는 표현 Pick!

· **I want to send this package to [장소]** 이 택배 [장소]로 보내고 싶어요

to 뒤에는 Chicago처럼 장소를 붙여서 택배 보낼 목적지를 말해요.

· **How long will it take?** 얼마나 걸리나요?

시간이 얼마나 걸리는지 물어볼 때 쓰는 표현이에요.

· **That's fine with me.** 괜찮아요.

제안에 대해 '그거 좋아요', '그래도 상관없어요'의 뉘앙스로 대답할 때 쓰는 표현이에요.

· **How much is it?** 얼마예요?

해석

Sam 이 택배 시카고로 보내고 싶어요.

Staff 보통 우편으로 괜찮으세요?

Sam 얼마나 걸리나요?

Staff 영업일 5일 이내로 도착할 거예요.

Sam 괜찮아요. 얼마예요?

Staff 10달러입니다.

미국 우체국에서는 공짜가 없다?

한국 우체국에는 테이프와 볼펜을 무료로 쓸 수 있는 자율포장대가 아주 잘 되어 있죠. 덕분에 우체국에는 물건만 들고 가면 돼서 참 편한데요. 반면 미국 우체국은 무료로 볼펜이나 테이프를 제공하지 않는다고 해요. 그리고 한국에서는 평균 몇백 원 정도인 포장 박스가 미국에서는 크기에 따라 원화로 약 2~5천 원 정도로 더 비싸답니다.

보너스 리얼 표현 Talk!

▲ MP3 바로 듣기

택배 포장/준비할 때

박스 살 수 있을까요?

Can I buy [a box]?

→ packing tape 포장 테이프
bubble wrap 뽁뽁이(버블랩)

저울 있어요?

Do you have a scale?

scale: 저울

우편/택배 보낼 때

일반 우편으로 보내고 싶어요.

I'd like to send it by [regular] mail.

→ registered 등기

이거 한국으로 보내고 싶어요.

I'd like to send this to South Korea.

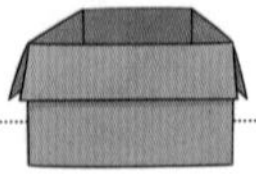

택배 배송 추적 어떻게 해요?

How can I track my package?

track: 추적하다

가격 물어볼 때

우표는 얼마예요? How much are [stamps]?
→ envelopes 편지 봉투

익일 배송은 얼마예요? How much is [overnight] delivery?
→ express 빠른

소요 시간 물어볼 때

한국에 언제 도착하나요? When will it arrive in South Korea?

이거 화요일까지 도착할까요? Will this arrive by [Tuesday]?
→ Christmas 크리스마스

DAY 15 은행

예금 저축 그뤠잇

▲ MP3 바로 듣기

#계좌개설 #계좌이체 #카드분실

주옥같은 리얼 대화 Go!

Kate: I'd like to **open an account**.

Staff: What type of account would you like?

Kate: A checking account.

Staff: OK. **I need to** copy your ID first.

Kate: No problem. **Here you go.**

Staff: Perfect. Please **fill out** this form.

account 계좌 copy 복사하다 form 신청서

매일 쓰는 표현 Pick!

· **open an account** 계좌를 개설하다

· **I need to ~** ~해야 해요
해야 하는 일을 to 뒤에 붙여서 말해요.

· **Here you go.** 여기요.

· **fill out ~** ~을 작성하다
this form 외에 the blank(빈칸)를 넣어서 말할 수도 있어요.

해석

Kate	계좌를 개설하고 싶어요.
Staff	어떤 종류의 계좌를 개설하고 싶으세요?
Kate	예금 계좌요.
Staff	네. 먼저 손님 신분증을 복사해야 해요.
Kate	그러세요. 여기요.
Staff	좋습니다. 이 신청서를 작성해주세요.

계좌를 가지고만 있어도 수수료가 붙는다?

우리나라에서는 계좌를 가지고 있다고 해서 은행에 수수료를 내진 않죠. 그런데 미국에서는 계좌를 유지하는 명목으로도 매달 5~12달러 정도의 수수료가 붙는답니다! 하지만 은행에 따라 일정 금액 이상의 잔액이 남아있도록 계좌를 관리하면 면제받을 수 있고, 학생이라면 수수료가 면제되거나 할인되는 경우도 있으니 꼭! 확인하세요~

보너스 리얼 표현 Talk!

▲ MP3 바로 듣기

은행 방문 목적을 말할 때

적금 계좌 개설하고 싶어요. I'd like to open a savings account.

savings account: 적금 계좌

예금하고 싶어요. I'd like to make a deposit.

→ make a withdrawal 출금하다
transfer some money 계좌 이체하다

체크카드를 만들고 싶어요. I want to get a debit card.

debit card: 체크(직불)카드

신용카드를 분실했어요. I lost my credit card.

credit card: 신용카드

비밀번호를 잊어버렸어요. I forgot my PIN number.

PIN: Personal Identification Number의 약자로, 비밀번호예요.

달러로 환전하고 싶어요. I'd like to exchange this for US dollars.

exchange: 환전하다

추가 문의/요청할 때

수수료는 얼마예요?

How much is the bank charge?

은행 수수료

이 100달러짜리 지폐를 잔돈으로 바꿔주실래요?

Can you break a $100 bill?

break을 지폐와 함께 쓰면 '큰돈을 잔돈으로 바꾼다'는 의미랍니다.

새 카드 언제 받을 수 있나요?

When will I get my new card?

이자율이 어떻게 돼요?

What's the interest rate?

이자율

온라인 뱅킹 등록할 수 있을까요?

Can I register for online banking?

청구서는 이메일로 받을게요.

I'd like to sign up for online billing.

청구서

DAY 16 A/S센터

바사삭 설탕 액정

▲ MP3 바로 듣기

#맡길게요 #안켜져요 #오늘가능?

주옥같은 리얼 대화 Go!

Staff: How can I help you?

Sam: **I cracked my phone screen.**

Can you repair it?

Staff: We can replace it, but it'll **take a while.**

Sam: That's fine. Is it still **under warranty**?

Staff: Yes. So the total will be $79.

Sam: I think I can afford that.

replace 대체하다

매일 쓰는 표현 Pick!

- **I cracked my phone screen.** 제 휴대폰 액정이 깨졌어요.
  혹시 break(부서지다)가 떠올랐나요? 이럴 땐 crack(금이 가다)을 쓰는 게 훨씬 자연스러워요~

- **Can you repair it?** 이거 수리할 수 있나요?
  it 대신 my laptop(내 노트북)처럼 수리해야 하는 물건을 넣어서도 말할 수 있어요.

- **take a while** 시간이 좀 걸리다

- **under warranty** 보증기간 중인

해석

Staff	무엇을 도와드릴까요?
Sam	제 휴대폰 액정이 깨졌어요. 이거 수리할 수 있나요?
Staff	교체해드릴 수 있어요, 근데 시간이 좀 걸릴 거예요.
Sam	괜찮아요. 아직 보증기간 중인가요?
Staff	네. 그래서 총금액은 79달러입니다.
Sam	그 정도면 감당할 수 있겠네요.

가까운 서비스센터가 3시간 거리에 있다면?

미국은 땅이 워낙 넓어서 서비스센터를 가려면 3시간 이상 차를 타고 가야 하는 경우가 있어요. 이런 불편함을 줄이기 위해서 대부분의 서비스센터는 우편으로 수리를 접수할 수 있는 서비스를 운영합니다. 전화나 온라인으로 접수하면 우편 라벨을 보내주는데, 이것을 붙여서 택배로 보내면 고쳐서 다시 보내준답니다.

보너스 리얼 표현 Talk!

▲ MP3 바로 듣기

고장 증상을 말할 때

이거 고장 났어요. It's broken.
고장 난

휴대폰이 벽돌 됐어요. My phone is bricked.
작동이 안 되는 휴대폰을 영어로도 '벽돌 됐다(bricked)'고 말해요.

블랙박스가 안 켜져요. My dashcam won't turn on.
블랙박스는 dashboard camera, 줄여서 dashcam이라고 해요.

화면이 계속 깜박거려요. The screen keeps flickering.
깜박거리다

전원 버튼이 작동을 안 해요. The power button doesn't work.

수리 시간/비용 물어볼 때

얼마나 걸리나요? How long will it take?

오늘 안에 다 될까요? Can it be done by today?

비용은 얼마나 나올까요? How much will it cost?

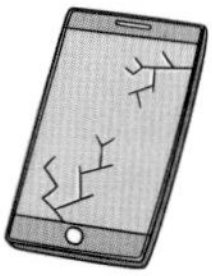

더 싼 방법 없나요? Is there a cheaper option?

cheaper: 값이 더 싼

견적서 써주시겠어요? Can you give me an estimate?

estimate: 견적서

DAY 17 부동산
내 집은 어디에…

▲ MP3 바로 듣기

#원룸 #풀옵션 #역세권

주옥같은 리얼 대화 Go!

Gina: **I'm looking for** a studio downtown.

Staff: Alright. What's your price range?

Gina: **Under** $2,000 a month.

Staff: **Got it.** A few places **come to mind.**

Gina: Oh, good. Can I look at them this week?

Staff: Sure.

Staff: **Are you available** tomorrow at 3 p.m.**?**

studio 원룸 downtown 시내 price range 가격대

매일 쓰는 표현 Pick!

- **I'm looking for ~** ~을 찾고 있어요
  a studio처럼 찾고 있는 매물을 for 뒤에 붙여서 말해요.

- **under [숫자/금액]** [숫자/금액] 이하

- **Got it.** 알겠어요.
  상대방의 말을 이해했다고 할 때 자주 쓰는 리액션 표현이에요.

- **come to mind** 떠오르다(생각나다)

- **Are you available ~?** ~에 시간 되세요?
  available 뒤에는 on Monday(월요일에), tonight(오늘 저녁) 등을 붙여서 쓸 수도 있어요.

해석

Gina	시내 쪽 원룸을 찾고 있어요.
Staff	그렇군요. 가격대는 얼마 정도세요?
Gina	한 달에 2,000달러 이하요.
Staff	알겠어요. 몇 군데가 떠오르네요.
Gina	오, 좋네요. 이번 주에 그 방들을 볼 수 있을까요?
Staff	그럼요. 내일 오후 3시에 시간 되세요?

미국에도 전세 제도가 있나요?

미국에서는 전세라는 제도가 없기 때문에 전세냐 월세냐 고민할 필요가 없어요! 월세(rent)가 가장 보편적인 거주 형태인데요. 보통 계약 기간은 1년이고, 임차인과 임대인이 만나서 계약서를 작성하는 등 직접 거래하는 경우가 많아요. 또한, 몇천만 원의 보증금을 내는 우리나라와 달리 미국에서는 한두 달 치의 월세만을 보증금으로 낸답니다.

보너스 리얼 표현 Talk!

▲ MP3 바로 듣기

찾는 집 조건에 대해 말할 때

방 2개짜리 아파트를 찾고 있어요.

I'm looking for a two-bedroom apartment. 방 개수로 원하는 아파트 조건을 말해요.

몇 평이에요?

How many square feet is it?
면적을 말할 때, 미국은 square feet 단위를 써요.

옵션/주변에 대해 문의할 때

풀 옵션인가요?

Is it fully furnished?
furnished 가구가 비치된

냉장고 있나요?

Does it have a fridge?
→ a microwave 전자레인지
an A/C 에어컨

동네는 어때요?

How is the neighborhood?
neighborhood 동네

근처에 대중교통 있나요?

Is there public transportation nearby?
public transportation 대중교통

월세/보증금 문의할 때

월세가 얼마인가요?

How much is the rent?
(rent: 월세)

월세에 공과금이 포함된 건가요?

Does the rent include utilities ?
(utilities → Internet 인터넷)

보증금은 얼마인가요?

How much is the deposit?
(deposit: 보증금)

제 예산은 한 달에 1,500달러예요.

My budget is $1,500 a month.
(budget: 예산)

임대료 네고 가능한가요?

Is the rent negotiable?
(negotiable: 협상 가능한)

DAY 18 택시
가장 빠른 길로 고고

▲ MP3 바로 듣기

#우버 #내려주세요 #고속도로

주옥같은 리얼 대화 Go!

Driver: Are you Ms. Foster?

Gina: Yes. I **called an Uber** a few minutes ago.

Driver: Jump in. **You're headed to** the J Hotel?

Gina: That's right. How long will it take?

Driver: About 15 minutes, but we might hit traffic.

Gina: **I'm in a hurry.**

Please take the quickest route.

jump in 올라타다 hit traffic 차가 막히다 route 길, 경로

매일 쓰는 표현 Pick!

- **call an Uber** 우버를 부르다
  미국에서 가장 인기 있는 택시 서비스인 Uber(우버)! an Uber 대신 a taxi(택시)도 쓸 수 있어요.

- **be headed to [장소]** [장소]로 가다, 향하다

- **I'm in a hurry.** 제가 좀 급해서요.
  이 표현을 사용해서 택시 기사님께 빨리 가달라고 요청해봐요.

- **Please take the quickest route.** 제일 빠른 길로 가주세요.

해석

Driver Foster씨세요?
Gina 네. 제가 몇 분 전에 우버를 불렀어요.
Driver 타세요. J 호텔로 가시는 거죠?
Gina 맞아요. 얼마나 걸리나요?
Driver 15분 정도요, 근데 차가 좀 막힐 수도 있어요.
Gina 제가 좀 급해서요. 제일 빠른 길로 가주세요.

미국에서 우버가 택시보다 인기 많은 이유는?

미국 사람들은 택시보다 우버를 더 자주 이용해요. 미국의 택시 요금이 3km에 약 4~10달러(4천~1만2천 원)인 데다가, 팁까지 줘야 해서 비싼 편이기 때문인데요. 또한, 미국에서는 도심에서도 길가에서 택시를 바로 잡기 힘들어 따로 예약해야 해요. 그래서 휴대폰 앱으로 쉽게 부를 수 있으면서도 비교적 저렴한 우버를 더 많이 이용한답니다.

보너스 리얼 표현 Talk!

▲ MP3 바로 듣기

도착지 말할 때

시청으로 가주시겠어요?

Can you take me to City Hall?

(City Hall: 시청)

어디 잠시 들를 수 있을까요?

Can we make a quick stop?

여기에 내려 주시겠어요?

Can you pull over here, please?

(pull over: 내리다, 차를 세우다)

소호 거리에 저 먼저 내려 주시겠어요?

Can you drop me off at SoHo first?

(택시를 같이 탄 사람과 목적지가 다를 때, 먼저 내리는 쪽의 목적지를 넣어서 말해요.)

요금 지불할 때

요금 얼마 나왔어요?

How much do I owe you?

'제가 얼마나 빚졌죠?'라는 뜻으로, 얼마를 줘야 하는지 묻는 말이에요.

카드로 계산해도 돼요?

Can I pay with a credit card?

거스름돈은 안 주셔도 돼요.

Keep the change.

change: 거스름돈

요청 사항 말할 때

Brooklyn 다리로 가주시겠어요?

Can you take the Brooklyn Bridge?

→ the highway 고속도로

the tunnel 터널

에어컨 좀 켜주시겠어요?

Can you turn the A/C on?

→ the heat 히터(난방기)

건강한 라이프

뭐니 뭐니 해도 건강이 최고! 병원 진료, 약국에서 필요한 약을 살 때도 똑 부러지게!
다이어트와 운동에 대한 이야기도 자연스럽게~
가장 대표적인 상황을 담은 리얼 대화를 익혀 건강한 라이프 누려봐요!

DAY 19 병원

병원 진료 문제없어

DAY 20 약국

약사님, 제 증상은요

DAY 21 운동

대만족 PT 후기

DAY 22 다이어트

다이어트는 내일부터

DAY 19 병원

병원 진료 문제없어

#으슬으슬 #기침 #두통

▲ MP3 바로 듣기

주옥같은 리얼 대화 Go!

Kate: **I don't feel good.**

Doctor: What are your symptoms?

Kate: **I have** a fever, and **I feel nauseous.**

Doctor: Do you have a cough?

Kate: Yes, and **I ache all over.**

Doctor: Sounds like you have the flu.

symptom 증상 fever 열 cough 기침

매일 쓰는 표현 Pick!

- **I don't feel good.** 몸이 안 좋아요.

- **I have [증상]** [증상]이 있어요
a fever, a headache(두통)처럼 증상을 넣어서 아픈 상태를 말해요.

- **I feel nauseous.** 속이 메스꺼워요.
nauseous는 '메스꺼운'이라는 의미예요.

- **I ache all over.** 온몸이 쑤셔요.
ache는 '쑤시다, 아프다'는 의미로, 근육통이나 몸살감기에 걸렸을 때 사용할 수 있어요.

해석

Kate 몸이 안 좋아요.
Doctor 어떤 증상이 있나요?
Kate 열이 있어요, 그리고 속이 메스꺼워요.
Doctor 기침을 하나요?
Kate 네, 그리고 온몸이 쑤셔요.
Doctor 독감인 것 같네요.

미국 병원은 예약이 필수?

미국 병원은 진료받기까지의 절차가 까다로워요. 예약이 필수라 그냥 방문하면 진료도 못 받고, 가입된 보험에 따라 갈 수 있는 병원도 달라진답니다. 그래서 급할 때는 urgent care 진료소를 이용해야 해요. 이곳에서는 응급실(emergency room)을 갈 정도는 아니지만, 갑자기 심하게 아프거나 가벼운 외상을 입었을 때 예약 없이도 진료받을 수 있어요.

보너스 리얼 표현 Talk!

▲ MP3 바로 듣기

병원 진료 예약하기

예약할 수 있을까요?

Can I make an appointment?

appointment: 예약

예약 일정 변경할 수 있을까요?

Can I change my appointment?

4시에 예약 가능한가요?

Do you have an opening at 4?

opening: 빈자리

내과에서 증상 말할 때

복통이 있어요.

I have a stomachache.

→ a sore throat 인후염

a runny nose 콧물

토할 것 같아요.

I feel like throwing up.

throwing up: 토하다

설사해요.

I have diarrhea.

diarrhea: 설사

정형외과에서 증상 말할 때

허리를 다쳤어요.

I hurt my back.
hurt 다치다

발목을 삐었어요.

I sprained my ankle.
sprained 삐다

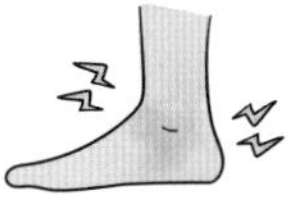

손목이 아파요.

My wrists are sore.
sore (근육이) 아픈

안과/치과에서 증상 말할 때

왼쪽 눈에 다래끼 났어요.

I have a stye in my left eye.
stye 다래끼

눈이 엄청 건조해요.

My eyes are really dry.
→ itchy 가려운
bloodshot 충혈된

충치가 생긴 것 같아요.

I think I have a cavity.
cavity 충치

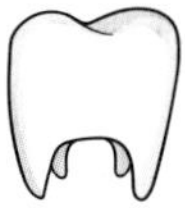

DAY 20 약국

약사님, 제 증상은요

#알레르기약 #진통제 #소화제

▲ MP3 바로 듣기

주옥같은 리얼 대화 Go!

Dan: **Do you have** allergy **medicine?**

Staff: Of course. This brand is quite popular.

Dan: **Is there anything stronger?**

Staff: Sure. These should work.

Take one pill every morning.

Dan: **Will it make me sleepy?**

Staff: It's different for everyone.

allergy 알레르기 medicine 약 pill 알약

- **Do you have [병명/증상] medicine?** [병명/증상]약 있어요?
  allergy처럼 병명이나 증상을 medicine 앞에 넣어서 말해요.

- **Is there anything stronger?** 더 센 약 있나요?

- **Take one pill every [시간]** [시간]마다 한 알씩 드세요
  every 뒤에는 two hours(두 시간), night(밤)처럼 시간을 넣어서 약 복용 주기를 말해요.

- **Will it make me sleepy?** 먹으면 졸린 약인가요?
  나를 졸리게 만드는(make me sleepy) 약인지 묻는 표현이에요.

해석

Dan	알레르기약 있어요?
Staff	그럼요. 이 브랜드 꽤 인기가 많아요.
Dan	더 센 약 있나요?
Staff	그럼요. 이게 효과가 있을 거예요. 아침마다 한 알씩 드세요.
Dan	먹으면 졸린 약인가요?
Staff	그건 사람마다 달라요.

예방주사를 약국에서 맞을 수 있다?

뉴욕, 뉴저지, 메인, 웨스트버지니아를 제외한 미국 전역의 약국에서는 독감 예방주사를 맞을 수 있어요. 약국에서도 보험이 있다면 적용받을 수 있고, 가입한 보험이 없다고 해도 40달러 정도로 병원보다 저렴한 편이에요. 그리고 의사에게 예방 주사를 맞기 위해선 몇 주 전부터 예약해야 해서 쉽게 들를 수 있는 약국을 이용하는 사람들이 대부분이랍니다.

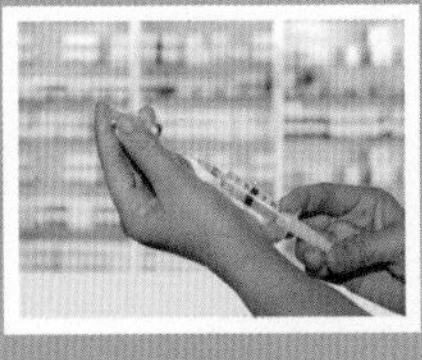

보너스 리얼 표현 Talk!

▲ MP3 바로 듣기

필요한 약 찾을 때

진통제 좀 주시겠어요? — Can I have some painkillers?

→ eye drops 안약
bandages 반창고

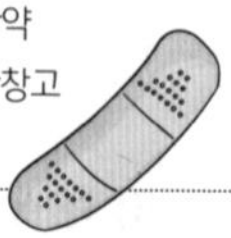

소화제 있나요? — Do you have anything for indigestion?

indigestion 소화 불량

이거 물약으로도 있나요? — Do you have this in liquid form?

liquid 액체

저 아스피린 알레르기 있어요. — I'm allergic to aspirin.

아스피린처럼 특정 약 성분이 안 받는다고 말할 때 사용할 수 있어요.

약 부작용 물어볼 때

부작용 있나요? — Are there any side effects?

side effects 부작용

이거 먹고 운전해도 돼요? — Can I drive after taking this?

복용 방법 물어볼 때

언제 먹어야 해요?
When should I take this?

얼마나 자주 먹어야 해요?
How often should I take this?

이 연고 어떻게 사용해요?
How do I use this ointment?
ointment: 연고

어린이한테도 괜찮나요?
Is this safe for kids?

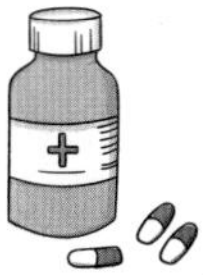

다른 약이랑 같이 먹어도 되나요?
Can I take this with other medication?
medication: 약

DAY 21 운동

대만족 PT 후기

#운동뭐해? #PT해 #홈트레이닝

▲ MP3 바로 듣기

주옥같은 리얼 대화 Go!

Gina: **What do you do for exercise?**

Sam: **I work out with a trainer** every weekend.

Gina: I'd love to do that too.
How much does each session cost?

Sam: It's $60 per hour.

Gina: **That seems pricey.**

Sam: Yeah, but **it's worth it.**

work out 운동하다 session -회, 시간 pricey 비싼

매일 쓰는 표현 Pick!

- **What do you do for exercise?** 너 운동 뭐해?

- **I work out with a trainer.** 나 PT해.
  'I do PT.'는 어색한 표현! 미국인들은 이 표현을 훨씬 더 많이 사용한답니다~

- **That seems pricey.** 그거 좀 비싼 것 같네.

- **It's worth it.** 그만큼의 값어치를 해.
  들어가는 돈이나 시간, 노력 등이 크지만 그럴만한 가치가 있다고 할 때 쓰는 표현이에요.

해석

Gina	너 운동 뭐해?
Sam	나 주말마다 PT해.
Gina	나도 그거 해보고 싶다. 1회당 얼마야?
Sam	한 시간에 60달러야.
Gina	그거 좀 비싼 것 같네.
Sam	그치, 근데 그만큼의 값어치를 해.

헬스는 영어로 health?

영어로 "나 헬스 다녀."라고 할 때, "I go to the health."가 떠올랐나요? 그런데 헬스는 미국에서 쓰지 않는 콩글리시예요! 헬스클럽은 gym이기 때문에 "나 헬스 다녀."라고 할 때는 "I go to the gym."이라고 해야 자연스러워요. 런닝 머신은 tread mill, 유산소 운동은 cardio, 집에서 운동하는 홈트레이닝은 at home workouts라고 한답니다.

보너스 리얼 표현 Talk!

▲ MP3 바로 듣기

하고 있는 운동에 대해 말할 때

나 수영해. I swim.
- jog 조깅하다
- dance 춤추다

나 배드민턴 쳐. I play badminton.
- tennis 테니스
- golf 골프

나 필라테스 해. I do Pilates.
- yoga 요가

나 틈날 때마다 헬스장 가. I hit the gym whenever I can.

어떤 장소에 간다고 말할 때 go to 대신 hit을 사용하기도 해요.

나 줌바 등록했어. I signed up for zumba.

~에 등록하다

나 요새 운동 별로 안 해. I don't exercise much these days.

운동하는 이유에 대해 말할 때

건강해져.

It helps you get fit.

규칙적인 운동으로 몸이 건강하고 탄탄한 모습을 가리켜요.

나 벌크업 하고 싶어.

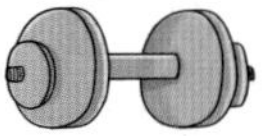

I want to bulk up.

근육량을 늘리고 체격을 키우는 것을 벌크업(bulk up)이라 해요.

건강을 유지할 수 있어.

You can stay in shape.

건강한 몸의 형태(shape)를 유지한다는 뜻이에요.

살 빼는 데 좋아.

It's a good way to lose weight.

→ burn calories
칼로리를 소모하다

스트레스 해소에 좋아.

It's good for relieving stress.

나 체력 좀 길러야 해.

I need to build up some strength.

(힘을) 기르다, 단련하다

DAY 22 다이어트

다이어트는 내일부터

#몸무게 #소식중 #디톡스 #치팅데이

▲ MP3 바로 듣기

주옥같은 리얼 대화 Go!

Sam: **How's your diet going?**

Dan: Not good. I **gained a few kilos** this week.

Sam: But you were doing so well!

Dan: Not anymore. **I'm calling it quits.**

Sam: Come on. Don't give up so easily!

Dan: But **I'm sick of eating** salad!

gain 얻다 give up 포기하다

매일 쓰는 표현 Pick!

- **How's your diet going?** 다이어트는 잘 돼가?

- **gain a few kilos** 몇 킬로 찌다 (살이 찌다)

- **I'm calling it quits.** 나 관둘 거야.
  중단(quits)을 선언하다(call), 즉 어떤 일을 그만둔다고 할 때 쓰는 표현이에요.

- **be sick of ~ing** ~ 하는 데 질리다
  eating salad처럼 더 이상 하기 싫은 행동에 ing를 붙여 말해보세요.

해석

Sam	다이어트는 잘 돼가?
Dan	안 좋아. 나 이번 주에 몇 킬로 쪘어.
Sam	근데 너 엄청 잘하고 있었잖아!
Dan	이젠 아니야. 나 관둘 거야.
Sam	야아. 쉽게 포기하지 마!
Dan	그렇지만 나 샐러드 먹는 데 질렸단 말이야!

요즘 미국에서 핫한 다이어트는?

다이어트 트랜드는 정말 빨리 변하죠? 요즘 미국에서 핫한 다이어트는 바로 '저탄고지 다이어트'로 알려져 있는 키토 다이어트(keto diet)예요. 탄수화물은 적게, 지방은 많이 먹으면서 몸이 지방을 에너지로 쓰도록 대사를 바꾸는 방법이에요. 실제로 효과를 본 사람들도 있지만 영양 불균형과 같은 부작용에 대한 우려의 목소리도 있답니다.

보너스 리얼 표현 Talk!

▲ MP3 바로 듣기

몸무게/몸매에 내해 말할 때

나 5킬로 빠졌어.

I lost five kilos.

몸무게를 잃었다(lost)는 의미로 이해하면 쉬워요.

나 살 빼야 해.

I need to slim down.

날씬해지다

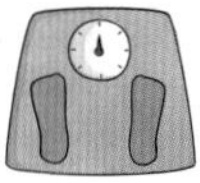

나 고무줄 몸무게야.

My weight goes up and down.

오르락내리락하는 모습을 연상해보세요~

근육 좀 키우고 싶어.

I want to build some muscles.

너 몸 좋아 보여.

You look fit.

→ slender 날씬한

너 건강해 보여.

You're in good shape.

좋은 형태(shape)의 몸을 갖추고 있어, 건강해 보인다는 의미예요.

식단에 대해 말할 때

저염 다이어트 중이야.

I'm on a low-sodium diet.

→ **low-carb diet** 저탄수화물 다이어트

야식 줄일 거야.

I'm cutting back on snacking at night.

~을 줄이다

식단 조절하고 있어.

I'm watching what I eat.

먹는 것을 주시해서(watching) 식단 조절하겠다는 의미예요.

디톡스 중이야.

I'm detoxing.

몸속 노폐물을 없애는 것을 디톡스한다(detoxing)고 해요.

다이어트 관련 얘기할 때

다이어트는 내일부터.

My diet starts tomorrow.

오늘은 내 치팅데이야.

Today is my cheat day.

다이어트 중 하루 정도 먹고 싶은 걸 먹는 날을 가리키는 치팅데이!
영어로는 cheat day라고 해요.

직장
라이프

출근길 엘리베이터에서 마주친 직장 동료와 반갑게 인사해볼까 싶다가도
영어로 입이 떨어지지 않는다면? 업무 이야기부터 전화받기, 가벼운 수다까지,
직장인 필수 리얼 대화만 알면 이제 걱정 없어요!

DAY 23 회사 업무

슬기로운 직장생활

DAY 24 회사 전화

그는 지금 부재중

DAY 25 동료와 대화

동료와 근황 Talk

DAY 23 회사 업무
슬기로운 직장생활

▲ MP3 바로 듣기

#프로젝트 #너무바빠 #병가

주옥같은 리얼 대화 Go!

Boss: **Are you done with** the report**?**

Kate: Not yet. **I'm still working on it.**

Boss: The deadline is today at 4.

Kate: I know. **I'll send it to you ASAP.**

Boss: Great.
Let me know if you need any help.

Kate: OK . . . **Will do.**

deadline 마감

매일 쓰는 표현 Pick!

- **Are you done with ~?** ~는 다 끝냈어요?
  the report, the project(프로젝트)처럼 상대방이 하고 있는 일을 넣어서 진행 상황을 물어봐요.

- **I'm still working on it.** 아직 하고 있는 중입니다.

- **I'll send it to you ASAP.** 최대한 빨리 보내드리겠습니다.
  ASAP는 As Soon As Possible의 약자로, '최대한 빨리'라는 의미예요.

- **Let me know if you need any help.** 도움이 필요하면 알려 주세요.

- **Will do.** 그럴게요.
  미국인들은 "I will do it."(그것을 할게요.)을 이렇게 짧게 줄여서도 말해요.

해석

Boss	보고서는 다 끝냈어요?
Kate	아니요. 아직 하고 있는 중입니다.
Boss	마감이 오늘 4시입니다.
Kate	알죠. 최대한 빨리 보내드리겠습니다.
Boss	좋아요. 도움이 필요하면 알려 주세요.
Kate	네… 그럴게요.

미국 직장인들은 점심으로 뭘 먹을까?

우리나라 직장인들은 보통 구내식당을 이용하거나 근처의 음식점에서 점심을 사 먹곤 하죠. 미국 직장인들은 점심으로 도시락을 먹는 경우가 많아요. 뉴욕과 같은 대도시가 아닌 이상 회사와 음식점의 거리가 멀어 차를 타고 가야 하고, 보통 구내식당도 없기 때문이에요. 또한 미국인들은 식사 시간을 짧게 가지고 업무에 집중하는 것을 선호하기도 해요.

보너스 리얼 표현 Talk!

▲ MP3 바로 듣기

하고 있는 일 말할 때

전 구글에서 일해요. I work for Google.

→ in the IT department IT 부서에서

전 마케팅을 담당해요. I'm in charge of marketing.

marketing 자리에 sales(영업)처럼 담당 직무를 넣어 말할 수 있어요.

새 프로젝트를 하고 있어요. I'm working on a new project.

오늘 재택근무할 거예요. I'm going to WFH today.

WFH은 Work From Home의 약자로, 재택근무를 의미해요.

요청 사항 말할 때

그거 보고서에 포함해 주세요. Please include that in the report.

report: 보고서

내일 회의 일정 잡아주세요. Please arrange tomorrow's meeting.

arrange: (일정을) 잡다

이메일 작성할 때

이메일 확인해 주시겠어요? Can you check your e-mail?

→ upload the doc. 문서를 업로드하다

첨부 파일 확인해주세요. Please check the attached file.

attached file: 첨부 파일

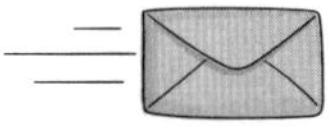

회신 부탁드립니다. I look forward to your reply.

reply: 회신

회신받지 못했습니다. I haven't heard back from you.

heard back: 회신을 받다

휴무에 대해 말할 때

병가 쓰겠습니다. I need to take a sick day.

sick day: 병가

오늘 오후 반차 쓸 거예요. I'm taking the afternoon off.

DAY 24 회사 전화

그는 지금 부재중

▲ MP3 바로 듣기

#전화연결 #메시지전달? #연락줄게요

주옥같은 리얼 대화 Go!

Kate: Hello. **This is** Kate **speaking.**

Joe: Hi. **May I speak to** Mr. Frank**?**

Kate: I'm afraid he's not in right now.

Who's calling, please?

Joe: This is Joe from Steel.

Kate: OK. **Can I take a message?**

Joe: No thanks. Please ask him to call me back.

message 메시지

매일 쓰는 표현 Pick!

- **This is [이름] speaking.** [이름]입니다.
  This is 뒤에 자신의 이름을 넣어서 전화를 받은 사람이 누군지 알려주세요.

- **May I speak to [이름]?** [이름]과 통화할 수 있을까요?
  통화하고 싶은 사람의 이름을 넣어서 바꿔 달라고 하세요.

- **Who's calling, please?** 전화 거신 분은 누구신가요?
  전화를 당겨 받았을 때는 꼭 누가 전화를 걸었는지 물어보고 메모해둬요!

- **Can I take a message?** 메시지 남기시겠어요?

해석

Kate	여보세요. Kate입니다.
Joe	안녕하세요. Frank씨와 통화할 수 있을까요?
Kate	죄송합니다만 지금 자리에 안 계세요. 전화 거신 분은 누구신가요?
Joe	Steel의 Joe입니다.
Kate	네. 메시지 남기시겠어요?
Joe	아니요 괜찮아요. 저한테 전화해 달라고 전해주세요.

미국에서는 중요한 미팅도 전화로 끝낸다?

캘리포니아에 있는 사람과 뉴욕의 클라이언트는 미팅을 어떻게 진행해야 할까요? 미국은 땅이 넓어서 이런 문제가 자주 발생해요. 그래서 미국 회사에서는 전화로 미팅을 진행하는 컨퍼런스 콜(conference call)을 많이 한답니다. 중요한 미팅도 컨퍼런스 콜로 끝내는 경우가 많아요. 화상 채팅을 이용하는 경우도 많다고 하니 참 효율적이죠?

보너스 리얼 표현 Talk!

▲ MP3 바로 듣기

전화 받을 때

무엇을 도와드릴까요?	How can I help you? (상대방에게 용건을 물어볼 때 쓰는 표현이에요.)
그가 자리에 있는지 확인해 볼게요.	Let me check if he's in.
전화 연결해 드릴게요.	I'll put you through. (put you through: (전화) 연결해 주다)
잠시만 기다려 주세요.	Hang on a second, please.

부재중일 때

지금은 통화가 어려워요.	He's not available right now. (available: 가능한)
지금 사무실에 없어요.	Right now, she's out of the office.

→ in a meeting 회의 중이에요
on a business trip 출장 중이에요

다시 전화하고 싶을 때

그는 언제 돌아오나요? When will he be back?

언제 전화하면 좋을까요? When is a good time to call?

어디로 연락하면 될까요? Where can I reach you?

reach: 연락하다

메시지 남길 때

메시지 남길 수 있을까요? Can I leave a message?

제가 전화했었다고 전해주세요. Please tell her that I called.

DAY 25 동료와 대화

동료와 근황 Talk

▲ MP3 바로 듣기

#이사소식 #일은어때? #늘똑같지

주옥같은 리얼 대화 Go!

Mike: Hey, Gina. **I heard** you just moved.

Gina: I did. I **took a day off** to do it.

Mike: Is your new place nice?

Gina: Yeah! And it's just one stop from the office.

Mike: **Good for you!**

Gina: My commute is **so much easier** now.

commute 출퇴근

매일 쓰는 표현 Pick!

· **I heard ~** ~했다면서요 (~했다고 들었어요)
I heard 뒤에 화젯거리를 넣어서 대화를 시작해봐요!

· **take a day off** 연차를 쓰다, 휴가를 내다

· **Good for you!** 잘됐네요!

· **so much easier** 훨씬 쉬운
easy(쉬운)의 비교급인 easier(더 쉬운)에 so much(훨씬)를 붙여 의미를 더욱 강조했어요.

해석

Mike Gina씨. 얼마 전에 이사했다면서요.
Gina 했죠. 그것 때문에 연차 썼어요.
Mike 새집은 괜찮아요?
Gina 네! 그리고 사무실이랑 한 정거장 거리밖에 안 돼요.
Mike 잘됐네요!
Gina 이제 출퇴근이 훨씬 쉬워졌어요.

슬기로운 직장생활을 위한 small talk

인간관계를 중요시하는 미국인에게 small talk(스몰톡)는 사회생활 필수 기술인데요. 스몰톡이란, 날씨부터 전날 봤던 드라마 등 가벼운 주제로 나누는 짧은 대화들을 말해요. 회사에서 하는 스몰톡은 water cooler talk라고도 하는데요. 회사 동료들과 정수기(water cooler) 옆에서 물 한 잔 마시며 소소한 얘기를 나누는 경우가 많기 때문이에요.

보너스 리얼 표현 Talk!

▲ MP3 바로 듣기

스몰톡 시작할 때

요즘 일은 어때요? How's work these days?
→ your project 프로젝트

주말 잘 보냈어요? How was your weekend?

오늘 몇 시에 퇴근해요? What time do you get off today?
퇴근하다

퇴근하고 뭐 하세요? What are you doing after work?
→ this weekend 이번 주말에

***워킹 데드* 보세요?** Do you watch *The Walking Dead*?
드라마 얘기도 단골 스몰톡 주제! 드라마 제목을 넣어서 물어봐요.

일에 대해 말할 때

일이 산더미예요.

I'm swamped with work.

일거리가 나를 뒤덮을(swamp) 정도로 많다는 뜻이에요.

정신없이 바빠요.

It's been pretty hectic.

정신없이 바쁜

늘 똑같죠.

Same old, same old.

꼭 두 번 반복해서 말해야 해요!

좀 한가해요.

Things are pretty slow.

즐기는 라이프

대화할 때 꼭~ 나오는 주제, 바로 취미죠!
스포츠부터 SNS, 여행, 맛집 투어까지, 대표적인 상황을 담은 리얼 대화를 익혀서
다양한 취미를 친구들과 마음껏 공유해요.

DAY 26 취미생활
백주부가 되어보자

#취미부자 #중독각 #꿀잼이야

▲ MP3 바로 듣기

주옥같은 리얼 대화 Go!

Dan: Did you do anything last night?

Kate: I **tried out** a new recipe.

I'm into cooking nowadays.

Dan: **I thought** you didn't know how to cook.

Kate: Not anymore, **thanks to** YouTube videos.

Dan: So when are you going to cook for me?

Kate: Um . . . **Don't hold your breath.**

recipe 레시피, 조리법 **nowadays** 요즘

매일 쓰는 표현 Pick!

- **try out ~** ~을 도전해 보다, 시도해 보다

- **be into ~** ~에 푹 빠져있다
into 뒤에 cooking, photography(사진 찍기)처럼 요즘 빠져있는 취미 활동을 붙여서 말해봐요.

- **I thought ~** ~인줄 알았는데 (아니었네)
생각했던 것과 사실이 다를 때 문장 앞에 붙여 쓸 수 있는 표현이에요.

- **thanks to ~** ~ 덕분에

- **Don't hold your breath.** 기대하지 마(그럴 일 없을 거야).
일어나지 않을 일을 숨을 참으며(hold your breath) 기다리지 말라는 의미예요.

해석

Dan	어젯밤에 뭐 했어?
Kate	새 레시피 도전해 봤어. 나 요즘 요리에 푹 빠져있어.
Dan	나 너 요리 못 하는 줄 알았는데.
Kate	이젠 아니야, 유튜브 영상들 덕분에.
Dan	그래서 나한테는 언제 요리해 줄 건데?
Kate	음… 기대하지 마.

미국인이 반한 한식 유튜버 Maangchi(망치)

한국에 백주부가 있다면 미국에는 유튜버 Maangchi(망치)가 있어요! 이 유튜버는 재미교포로, 한식을 쉽게 가르쳐줘서 인기를 얻었답니다. 구독자가 약 430만 명인 그녀의 채널에는 김치찌개부터 김부각까지, 다양한 한식 만들기 영상이 올라와 있어요. 그중 가장 인기 있는 영상은 배추김치 담그는 영상으로, 조회 수가 1,485만 회가 넘는다고 해요!

보너스 리얼 표현 Talk!

▲ MP3 바로 듣기

취미가 무엇인지 말할 때

취미가 뭐야?

What do you like to do?

'What's your hobby?'는 이제 그만~
미국인들이 훨씬 자주 쓰는 표현은 바로 이거랍니다!

영화 보는 걸 즐겨.

I enjoy watching movies.

hiking 등산
baking 제빵

골프 치는 거 좋아해.

I like playing golf.

tennis 테니스
baseball 야구

미술관 가는 거 진짜 좋아해.

I love visiting art galleries.

미술관

넷플릭스에 중독됐어.

I'm obsessed with Netflix.

무언가에 중독된(obsessed) 것처럼 푹 빠져 있다는 표현이에요.

취미가 딱히 없어.

I don't really have a hobby.

취미

취미를 즐기는 이유 말할 때

꿀잼이야.

It's super fun.

간단하게 fun(즐거운)을 사용해서 말해보세요.

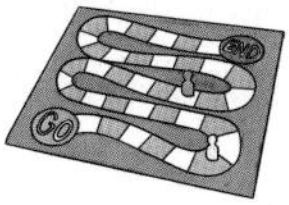

잡생각을 없애줘.

It helps me clear my head.

머리를 맑게 해 줘서(clear) 잡생각이 없어지는 느낌이에요.

일 생각 안 하게 돼.

It takes my mind off work.

잠시 잊어버리다

뭐 만드는 걸 좋아해.

I enjoy making things.

새로운 사람 만나는 걸 좋아해.

I like meeting new people.

심심하지가 않아.

It keeps me busy.

'계속 바쁘게 한다', 즉 심심할 틈이 없다는 의미예요.

DAY 27 스포츠

우승 가즈아!

#역대급경기 #비겼어 #결승진출

▲ MP3 바로 듣기

주옥같은 리얼 대화 Go!

Sam: I can't believe the Wolves **pulled it off**!

Kate: I know!

It was an amazing game.

Sam: **It was epic!**

Kate: They should **drop** Smith though.

Sam: I agree. **He's out of** his **depth**.

Kate: He can't seem to **pull** himself **together**.

epic 역대급, 장대한 일

매일 쓰는 표현 Pick!

- **pull it off** (그 일을) 해내다
  장애물을 잡아당겨 없애는 것처럼, 어려운 일을 이뤄내는 느낌이에요.

- **It was epic!** 역대급이었어!
  정말 강력하거나 멋진 것을 보고 감탄할 때 써요.

- **drop [사람]** [사람]을 빼다

- **be out of ~ depth** ~가 실력 발휘를 못 하다
  수렁에 빠져 허우적대는 것처럼, 실력 발휘를 못 하고 있다는 뜻이에요.

- **pull ~ together** 정신을 차리다, 기운 내다
  pull 뒤에 yourself를 넣어서 상대방에게 힘내라고 응원할 때에도 쓸 수 있어요.

해석

Sam	Wolves가 해냈다는 게 안 믿겨!
Kate	내 말이! 엄청난 경기였어.
Sam	역대급이었어!
Kate	근데 Smith는 좀 빼야 할 것 같아.
Sam	그러게. 걔 실력 발휘 못 하더라.
Kate	걔 정신을 못 차리는 것 같아.

미국에서 가장 인기 있는 스포츠는?

미국에서는 미식축구(American football)의 인기가 아주 대단해요! 미식축구 전국 대회인 내셔널 풋볼 리그(NFL)의 결승전 슈퍼볼(Super Bowl)의 시청률은 68%에 육박할 정도인데요. 엄청난 파급력을 지녔기 때문에 대회 중간에 나오는 30초짜리 광고비는 최고 66억 원(560만 달러)에 달하고, 슈퍼볼 축하 공연에는 최고의 가수들만 설 수 있어요.

보너스 리얼 표현 Talk!

▲ MP3 바로 듣기

신수/팀에 대해 말할 때

너 누구 응원해?

Who are you rooting for?

~를 응원하다

나 Wolves 팬이야.

I'm a Wolves fan.

좋아하는 팀 이름을 넣어서 말해요.

그 선수는 역대 최고야.

He is the GOAT.

GOAT[고우트]는 Greatest Of All Time의 약자로,
'역대 최고'라는 의미예요.

오늘 그 선수 완전 잘한다.

She's on fire today.

불에 붙어 타오르는 듯한 기세로 성과를 내는 상태를 가리켜요.

그 선수 포지션이 어떻게 돼?

What position does he play?

그 선수는 투수야.

He's the pitcher.

→ the catcher 포수
a midfielder 미드필더

경기 결과에 대해 말할 때

경기 봤어?	Did you see the game?
비겼어.	It ended in a tie. 동점 (tie)
2:0이었어.	It was 2-0. [투(투)지로] 혹은 [투(투)오]라고 읽어요. [투](to)는 빼고 말해도 돼요.
그 팀 역전승했어.	They turned it around. 전세를 뒤집어(turn around) 역전했다는 표현이에요.
완승했어. **(완전히 이겼어.)**	It was a blowout. 상대 팀을 날려버린(blowout) 것처럼 압도적으로 이겼다는 의미예요.
그 팀 결승전에 올라간대.	They're going to the finals. → the semifinals 준결승 the quarterfinals 4강

DAY 28 SNS

인싸들이 사는 법

#인스타그램 #친추 #좋아요

▲ MP3 바로 듣기

주옥같은 리얼 대화 Go!

Sam: Are you taking pictures again?

Gina: Yeah. This place is so **Instagrammable**!

Sam: **Try using** *Foodie*. It will look way cooler.

Gina: Good idea. **I'll tag you** in the photo.

Sam: **I'm not on Instagram.** Just send me the pics.

Gina: **No problem.**

pic picture(사진)의 준말

매일 쓰는 표현 Pick!

· **Instagrammable** 인스타스러운
인스타그램에 올릴 만큼 트렌디한 곳이라는 뜻의 신조어예요.

· **Try using ~** ~ 써봐
앱이나 제품을 써보라고 추천할 때 쓰는 표현이에요.

· **I'll tag you.** 너 태그할게.

· **I'm not on Instagram.** 나 인스타그램 안 해.
Instagram 대신, Facebook(페이스북) 등 다른 SNS를 넣어서 말할 수도 있어요.

· **No problem.** 그렇게 할게.
'문제없다'는 뜻으로, 부탁을 흔쾌히 승낙할 때 많이 쓰는 표현이에요.

해석

Sam	너 또 사진 찍어?
Gina	응. 여기 진짜 인스타스럽다!
Sam	*푸디* 써봐. 훨씬 더 멋지게 나올 거야.
Gina	좋은 생각이야. 사진에 너 태그할게.
Sam	나 인스타그램 안 해. 그냥 사진만 보내줘.
Gina	그렇게 할게.

'ㅋㅋㅋ'를 영어로?

"솔까말 갑분싸였다."(솔직히 까놓고 말해서 갑자기 분위기 싸해졌다.) 이렇게 별걸 다 줄여서 말하는 요즘! 미국인들도 인터넷상에서 줄임말을 많이 사용하는데요. 대표적인 줄임말을 알아두면 나도 인싸 등극! 'ㅋㅋㅋ 너무 웃겨.'라고 하고 싶을 때 LOL(Laughing Out Loud), '대박'은 OMG(Oh My God), '감사'는 thx(Thanks)라고 하면 돼요.

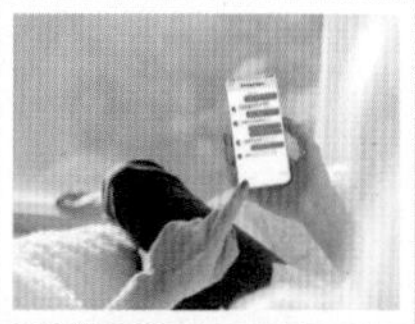

보너스 리얼 표현 Talk!

▲ MP3 바로 듣기

친추/팔로우에 대해 말할 때

너 친추해도 돼?

Can I add you?

친구 목록에 추가(add)한다, 즉 친구 추가한다는 의미예요.

나 SNS 안 해.

I don't use social media.

SNS는 콩글리시! 미국인들은 social media라고 해요.

나 걔랑 친구 끊었어.

I unfriended her.

SNS 친구 목록에서 삭제한다는 의미예요.

SNS 핫 이슈에 대해 말할 때

그 사람 인플루언서야.

He's an influencer.

SNS상에서 영향력 있는 사람을 가리켜요.

그 영상 난리 났어.

That video went viral.

바이러스처럼(viral) 인터넷상에서 매우 빠르게 전파됐다는 뜻이에요.

좋아요/태그에 대해 말할 때

사진에 좋아요 눌렀어! I liked the pic!

'좋아요를 누르다', 간단히 like를 써서 말해보세요!

나 태그해줄래? Can you tag me?

나 태그하지 마! Don't tag me!

온라인상에서 말할 때

그거 짱 웃겼어. That made me LOL.

LOL은 Laugh Out Loud의 줄임말로,
엄청 웃길 때 ㅋㅋㅋ처럼 사용할 수 있어요.

#여행스타그램 #travelgram

- **#foodstagram** 먹스타그램
- **#ootd** 데일리룩(outfit of the day)

DAY 29 여행
여행으로 리프레시

▲ MP3 바로 듣기

#휴가계획 #패키지여행 #인생여행

주옥같은 리얼 대화 Go!

Kate: I can't wait for my vacation!

Dan: **Do you have any plans?**

Kate: Yeah. I'm heading to Da Nang.
I want to relax on the beach.

Dan: **Awesome!** I'm sure you'll **have a blast**.

Kate: Are you going anywhere for vacation?

Dan: I'm just going to **chill at home**.

vacation 휴가 relax 쉬다

매일 쓰는 표현 Pick!

- **Do you have any plans?** 무슨 계획 있어?

- **Awesome!** 대박인데!
정말 많이 쓰이는 리액션 표현! 원어민 느낌 살려서 말해보세요~

- **have a blast** 즐거운 시간을 보내다
팡! 하고 폭발(blast)하는 것처럼 아주 즐거운 시간을 보낸다는 의미예요.

- **chill at home** 방콕하다(집에서 쉬다)
chill은 긴장을 풀고 편하게 쉰다는 의미예요.

해석

Kate	휴가가 너무 기대돼!
Dan	무슨 계획 있어?
Kate	응. 나 다낭에 가려고. 바닷가에서 쉬고 싶어.
Dan	대박인데! 넌 확실히 즐거운 시간 보낼 거야.
Kate	넌 휴가 때 어디 안 가?
Dan	난 그냥 방콕하려고.

이불 밖은 위험해! 요즘 휴가 트렌드는?

여행 가기엔 부담스러울 때, 많은 사람들이 방콕이나 호캉스를 선택하죠~ 미국에서도 휴가를 집에서 보내는 사람들이 점점 늘어나 신조어까지 생겼어요. 바로 staycation인데요! '머물다'라는 의미의 stay와 '휴가'인 vacation의 합성어로, 집에서 방콕하거나 다른 도시에 가지 않고 가까운 호텔에서 쉬는 휴가를 의미한답니다.

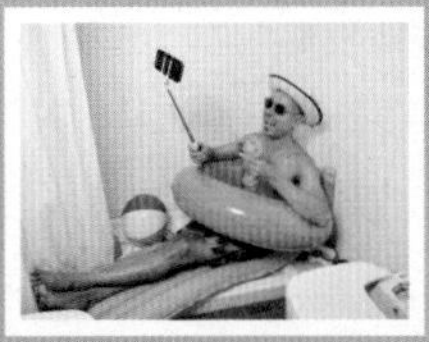

보너스 리얼 표현 Talk!

▲ MP3 바로 듣기

휴가 계획 묻고 답할 때

여름 휴가 계획이 뭐야? What's your plan for summer vacation?

난 태국에 갈 거야. I'm going to Thailand.

→ backpacking in Europe 유럽 배낭여행
on a food tour of Vietnam 베트남 먹방 투어

난 아무 계획 없어. I don't have any plans.

여행 스타일에 대해 말할 때

난 혼자 여행하는 걸 좋아해. I like traveling alone.

→ with my family 가족이랑
with friends 친구들이랑

난 패키지 투어가 더 좋아. I prefer package tours.

prefer: 선호하다, 더 좋아하다

난 여행 다니는 거 별로 안 좋아해. I don't really like traveling.

여행 후기에 대해 말할 때

여행은 어땠어? | How was your trip?
vacation 휴가

파리는 좋았어? | Did you enjoy Paris?
갔다 온 여행지를 넣어 물어보세요.

여행 사진 보여줘! | Show me your vacation pics!

인생 여행이었어. | It was the best trip ever.

거기 다시는 안 갈 거야. | I'm never going back there.

시차 때문에 죽겠어. | The jet lag is killing me.
시차

DAY 30 맛집 추천

따끈따끈 신상 맛집

▲ MP3 바로 듣기

#핵추천 #가성비맛집 #데이트장소

주옥같은 리얼 대화 Go!

Sam: **Have you heard of** Taco Heaven**?**

Gina: Yeah! It's all over Instagram these days.

Sam: Have you been there?

I want to try it out!

Gina: Once. We stood in line **for ages**.

Sam: Oh, then **I think I'll pass.**

Gina: But the food was amazing. **Give it a shot!**

stand in line 줄을 서다

매일 쓰는 표현 Pick!

- **Have you heard of ~?** 너 ~라고 들어봤어?
  무언가에 대해 알고 있는지 물어볼 때 쓰는 표현이에요.

- **I want to try it out!** 나 거기 가보고 싶어(나 그거 해보고 싶어)!

- **for ages** (아주) 오랫동안
  몇 시대(ages)가 지난 것처럼 오랜 시간이 걸렸음을 강조한 말이에요.

- **I think I'll pass.** 난 패스할래 (사양할게).

- **Give it a shot!** 한번 가봐(한번 해봐)!
  '그냥 한번 질러봐!'처럼 화끈하게 시도해 보라고 부추길 때 쓰는 표현이에요.

해석

Sam	너 Taco Heaven이라고 들어봤어?
Gina	응! 요새 인스타그램에서 난리잖아.
Sam	너 거기 가본 적 있어? 나 거기 가보고 싶어!
Gina	한 번. 줄을 엄청 오래 섰어.
Sam	아, 그렇다면 난 패스할래.
Gina	근데 음식은 진짜 맛있었어. 한번 가봐!

여행의 필수품, 맛집 추천 앱!

미국에서 맛집을 쉽게 찾을 수 있는 방법을 소개할게요! 먼저 구글맵(Google Map)에서 동네를 검색하고, [주변 탐색]을 누르면 시간대에 따라 인기 있는 음식점 리스트를 볼 수 있답니다. 또 많이 쓰는 앱으로는 옐프(Yelp)가 있어요. 여기서는 동네를 검색하면 메뉴와 가격대에 따라 별점이 높은 음식점들을 볼 수 있답니다. 진솔한 리뷰는 덤이에요~!

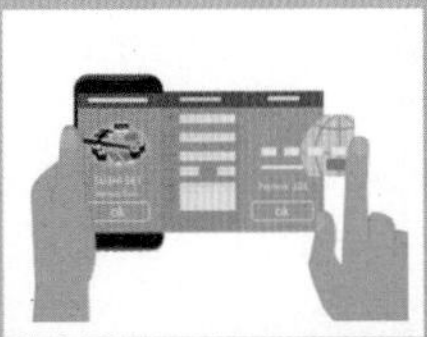

보너스 리얼 표현 Talk!

▲ MP3 바로 듣기

맛집 추천받을 때

괜찮은 베트남 음식점 알아? Do you know any good Vietnamese places?

→ Chinese 중국 음식점

거기 뭐가 제일 맛있어? What's the best thing there?

전망 좋은 레스토랑 알아? Do you know any restaurants with good views?

데이트하기 좋은 곳 추천해줄래? Can you recommend a place for a date?

데이트할만한 장소

조용한 카페 있어? Are there any quiet cafés?

가성비 좋은 곳 가고 싶어. I want to go somewhere cheap but good.

싸고 좋은 곳, 즉 가성비가 좋은 곳을 의미해요.

추천하는 이유 말할 때

거기는 초밥을 진짜 잘해. That place makes great sushi.

→ pizza 피자
risotto 리조또

서비스가 항상 최고야. The service is always awesome.

옐프에서 별 5개 받았어. It got five stars on *Yelp*.

애들이랑 가기 좋은 곳이야. It's a great place to go with kids.

애들 자리에 the family(가족)를 넣어 말할 수도 있어요.

비추천하는 이유 말할 때

음식이 진짜 맛없었어. The food tasted awful.

끔찍한

거긴 양이 정말 적어. Their portions are tiny.

1인분

문화 라이프

영어에 자신 없어서 문화생활을 100% 즐기지 못했다면?
문화생활에 꼭 필요한 리얼 대화만 익힌다면 내가 원하는 자리에 앉아 뮤지컬을 감상하고,
영화와 음악에 대해 신나게 수다도 떨 수 있어요.

DAY 31 영화
스포 금지!

DAY 32 음악
내적 댄스 뿜뿜

DAY 33 미술관
전시 제대로 즐기는 법

DAY 34 뮤지컬 예매
여기가 브로드웨이?

DAY 31 영화

스포 금지!

▲ MP3 바로 듣기

#반전 #실화 #신작봤어? #짱웃김

주옥같은 리얼 대화 Go!

Kate Have you seen the movie *Black Swan*?

Dan Of course! It was **a big hit**.

Kate Was it good?

I heard **people either love it or hate it.**

Dan Well, I loved it. **It gave me goose bumps.**

Kate Oh! Wait. **Don't spoil it for me.**

Dan Don't worry. I won't.

either 둘 중 하나 spoil 망치다

매일 쓰는 표현 Pick!

- **a big hit** 대박 난 작품
  영화, 음악 등 대박 난 작품을 가리킬 때 쓸 수 있는 표현이에요.

- **people either love it or hate it** 호불호가 갈리다(나뉘다)

- **It gave me goose bumps.** 소름 돋았어.
  소름 돋을 때 털이 바짝 서는 모양이 꼭 거위 피부(goose bump)와 같아 쓰는 표현이에요.

- **Don't spoil it for me.** 스포일러 하지 마.
  결말을 스포일러 당하면 영화 보는 재미를 망치게(spoil) 되겠죠? 여기서 파생된 표현이에요!

해석

Kate	너 영화 *Black Swan* 봤어?
Dan	당연하지! 그거 완전 대박 났었잖아.
Kate	좋았어? 그거 호불호가 갈린다고 들었는데.
Dan	음, 난 진짜 좋았어. 소름 돋았어.
Kate	어! 잠깐만. 스포일러 하지 마.
Dan	걱정 마. 안 할게.

18세 미만이라도 '청불' 영화를 볼 수 있다고?

우리나라에서 '청소년 관람 불가' 등급의 영화는 부모와 함께 입장하더라도 18세 미만이라면 절대 관람할 수 없는데요. 미국에서는 부분적으로 가능하답니다! '청소년 관람 불가'에 해당하는 R등급의 경우, 18세 미만 청소년이라도 부모와 함께라면 관람할 수 있어요.

보너스 리얼 표현 Talk!

▲ MP3 바로 듣기

영화 보기 전에

나 아직 그거 못 봤어. I haven't seen it yet.

배우 누구 나와? Who's in it?

그 영화 막 개봉했어. That movie just came out.

영화가 세상에 나왔다, 즉 개봉했다는 의미예요.

완전 기대 중이야. I'm really looking forward to it.

실화래. It's based on a true story.

실화

평이 좋아. It got great reviews.

영화 후기에 대해 말할 때

어땠어?	How was it? 
반전이 충격적이었어.	The plot twist was shocking. (plot twist: 반전)
대박 웃겼어.	It was absolutely hilarious. (hilarious: 웃기는)
너무 슬픈 영화였어.	It was a real tearjerker. (너무 슬퍼서 눈물이 줄줄 나는 이야기를 가리켜요.)
전개가 진짜 빨랐어.	It was fast paced. (fast → slow 느렸어)
완진 발연기였어.	The acting was terrible. (terrible → excellent 명연기였어)

DAY 32 음악
내적 댄스 뿜뿜

#힙합좋아 #최애가수 #수능금지곡

▲ MP3 바로 듣기

주옥같은 리얼 대화 Go!

Sam: Hang on. This song sounds familiar.

Gina: Isn't it BTS's new song?

Sam: Oh, so that's what this is! **It's pretty catchy.**

Gina: Yeah. BTS is **all the rage** these days.

Sam: It makes me want to dance.
Their music **is lit.**

Gina: **For real.**

familiar 익숙한

매일 쓰는 표현 Pick!

- **It's pretty catchy.** 꽤 중독성 있네.

- **all the rage** 대세인
  인기가 많아서 기세가 맹렬하다(rage)는 느낌이에요.

- **~ is lit.** ~가 최고야.
  lit은 원래 '술 취한'이라는 의미였지만, 요즘에는 음악, 분위기 등이 핫하고 멋질 때 감탄사처럼 많이 사용해요.

- **For real.** 인정(진짜로).
  상대방의 말에 동의할 때 쓰는 리액션 표현이에요.

해석

Sam	잠깐만. 이 노래 익숙한데?
Gina	이거 방탄소년단(BTS) 신곡 아니야?
Sam	아, 이게 그거였구나! 꽤 중독성 있네.
Gina	응. 방탄소년단(BTS) 요새 대세잖아.
Sam	춤추고 싶어진다. 걔네 음악 최고야.
Gina	인정.

블랙핑크도 공연한 코첼라 페스티벌, 어떤 곳일까?

세계 최고의 엔터테인먼트 산업을 자랑하는 미국에서는 세계적으로 유명한 뮤직 페스티벌이 많이 열려요. 캘리포니아주에서 열리는 코첼라 페스티벌(Coachella Festival)이 대표적인데요. 이 뮤직 페스티벌을 즐기기 위해 전 세계에서 사람들이 몰려온다고 하니 대단하죠? 특히 마지막 공연을 펼치는 헤드라이너는 매년 엄청나게 화제가 된답니다.

보너스 리얼 표현 Talk!

▲ MP3 바로 듣기

음악 취향에 대해 말할 때

넌 어떤 음악 좋아해? What kind of music do you like?

에미넴이 내 최애야. Eminem is my all-time favorite!

언제나 변함없이 최고로 좋아한다는 의미예요.

에드 시런 목소리 정말 좋아. Ed Sheeran has a great voice.

좋아하는 가수를 넣어서 말해보세요~

요새 힙합에 완전 빠져있어. I'm really into hip hop these days.

→ R&B 알앤비
jazz 재즈

난 음악에는 문외한이야. I know nothing about music.

난 음악은 다 좋아해. (장르를 가리지 않고 들어.) I listen to all kinds of music.

노래 감상에 대해 말할 때

이 노래는 날 업 시켜줘. This song gets me hyped up.
들뜨게 만들다

이 노래 비트가 너무 좋아. I love the beat of this song.
→ lyrics 가사

이 노래 이제 지긋지긋해. I'm sick of this song.
~에 질리다

이 노래 완전 힐링이야. This song is so relaxing.

이 노래 수능 금지곡이야. This song is stuck in my head.
머릿속에서 사라지지 않을 만큼 중독성이 강하다는 의미예요.

이 노래 완전 히트곡이야. This song is a massive hit.
'거대한'이라는 뜻으로, 엄청 크게 히트를 쳤다는 뜻이에요.

DAY 33 미술관
전시 제대로 즐기는 법

▲ MP3 바로 듣기

#미술관투어 #어른한명 #사진가능?

주옥같은 리얼 대화 Go!

Dan: Can I **sign up for** a museum tour?

Staff: Sure. We have a tour every two hours.

Dan: Great! **Is one starting soon?**

Staff: I'm sorry, but the next one is **in an hour**.

Dan: **I can't wait that long . . .**

Staff: Then, why don't you try using our audio guide?

Dan: Alright!

soon 곧

매일 쓰는 표현 Pick!

· **sign up for ~** ~를 신청하다

a museum tour처럼 신청하고 싶은 프로그램이나 수업을 넣어서 말해요.

· **Is one starting soon?** 곧 시작하는 거 있나요?

· **in an hour** 한 시간 후에

한 시간, 두 시간(two hours)처럼 특정 시간 이후를 말할 때는 in을 쓰는 것이 자연스러워요.

· **I can't wait that long.** 그렇게 오래 기다릴 수 없어요.

해석

Dan	미술관 투어 신청할 수 있을까요?
Staff	그럼요. 저희는 두 시간마다 투어가 있어요.
Dan	좋네요! 곧 시작하는 거 있나요?
Staff	죄송합니다만, 다음 건 한 시간 후에 있어요.
Dan	그렇게 오래 기다릴 수 없어요…
Staff	그럼, 저희 오디오 가이드를 이용해 보는 건 어때요?
Dan	좋아요!

메트로폴리탄 미술관에는 한국어 투어가 있다?

작품을 이해하기도 힘든데 영어로 된 설명까지 읽으려니 눈앞이 깜깜해지는 사람들 주목! 뉴욕 메트로폴리탄 미술관에서는 한국어 안내서와 오디오 가이드가 제공된다는 사실! 알고 계셨나요? 거기다 매주 화요일 오전 11시에는 한국어 투어도 진행하고 있다고 해요. 언어의 장벽 없이 메트로폴리탄 미술관을 100% 즐길 수 있는 꿀팁이랍니다~

보너스 리얼 표현 Talk!

▲ MP3 바로 듣기

이용 문의할 때

미술관 언제 문 여나요?

When does the museum [open]?

→ close 닫나요

<별이 빛나는 밤에>는 어디 있어요?

Where is *The Starry Night*?

반 고흐의 <별이 빛나는 밤에>

물품 보관함 있나요?

Do you have lockers?

물품 보관함

여기서 사진 찍어도 돼요?

Can I take photos here?

티켓 구매할 때

어른 한 명이요.

One adult, please.

전자 티켓 있어요.

I have [an e-ticket].

→ a voucher 바우처

투어 관련 물어볼 때

한국어 투어 있나요?

Is the tour available in Korean?

→ **audio guide** 오디오 가이드

예약해야 하나요?

Do I need to make a reservation?

야간개장 티켓 예매돼요?

Can I reserve a ticket for the late opening?

한 달에 한 번 정도 야간개장하는 박물관들도 있어요.

안내 책자 한국어로 있나요?

Do you have a pamphlet in Korean?

안내 책자

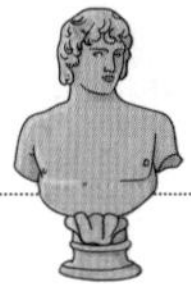

DAY 34 뮤지컬 예매

여기가 브로드웨이?

#앞자리 #2층자리 #매진각 #출연진

▲ MP3 바로 듣기

주옥같은 리얼 대화 Go!

Kate: Two **tickets for** the 8 p.m. show**, please.**

Staff: Oh, **it's almost sold out.**

Kate: I'll take **the cheapest seats** left.

Staff: Those are at the back of the balcony.

Kate: **Good enough.**

Staff: Alright. Then, they're $75 each.

balcony 2층석, 발코니석

매일 쓰는 표현 Pick!

· **[인원수] tickets for ~, please.** ~ 공연 티켓 [인원수] 장 주세요.
for 뒤에 공연의 이름, 시간을 넣어서 티켓을 구매할 때 사용해요.

· **It's almost sold out.** 거의 매진이에요.

· **the cheapest seats** 제일 저렴한 좌석(들)

· **Good enough.** 그 정도면 괜찮네요.

해석

Kate	저녁 8시 공연 티켓 두 장 주세요.
Staff	아, 거의 매진이에요.
Kate	남아있는 것 중에 제일 저렴한 좌석으로 주세요.
Staff	그건 2층 뒤쪽 자리예요.
Kate	그 정도면 괜찮네요.
Staff	그렇군요. 그럼, 한 장당 75달러입니다.

뮤지컬도 조조할인이 된다?

뮤지컬이나 오페라 등의 공연에도 이른바 조조할인이 있답니다. 바로 마티네(matinee) 표인데요. 마티네(matinee)는 '아침'이라는 프랑스어에서 파생된 단어로, 일주일에 1~2회 정도 진행하는 낮 공연을 가리켜요. 낮 공연은 저녁 공연보다 한산하고, 티켓 가격도 저렴한 편이라서 이 프로그램을 똑똑하게 활용하는 공연 팬들도 많답니다!

보너스 리얼 표현 Talk!

▲ MP3 바로 듣기

입장권 구매할 때

매표소 어디 있나요? Where is the ticket stand?
(ticket stand: 매표소)

오늘은 무슨 공연이 있나요? What's on for today?

입장권은 얼마예요? How much are the tickets?

앞자리로 주실래요? Can I get a seat in the front?
→ in the middle 중간자리로
by the aisle 통로 쪽으로

공연 일정은 어디서 봐요? Where can I find the show schedule?
(schedule: 일정)

공연에 대해 물어볼 때

공연에 누가 나와요? Who's starring in the show?

출연하다

공연은 얼마 동안 해요? How long is the show?

인터미션은 얼마나 돼요? How long is the intermission?

공연 중간에 쉬는 시간을 가리켜요.

시설에 대해 물어볼 때

코트 룸 어디 있나요? Where is the coat room?

공연 관람 전에 외투를 맡길 수 있는 곳이에요.

화장실이 어디인가요? Where is the restroom?

공중화장실은 restroom이라고 해요~

연애 라이프

연애 얘기는 언제나 꿀잼! 두근거리는 연애의 시작부터 이별까지,
연애 단계별 대표적인 리얼 대화로 핑크빛 연애 라이프 즐겨봐요.
결혼을 준비하는 예비부부와의 설렘 가득한 대화도 이젠 OK!

DAY 35 썸/연애

이건 바로 그린 라이트

DAY 36 이별

호구의 사랑

DAY 37 결혼

친구의 결혼 소식

DAY 35 썸/연애

이건 바로 그린 라이트

#데이트신청 #좋아해 #밀당중

▲ MP3 바로 듣기

주옥같은 리얼 대화 Go!

Sam: Olivia just **asked** me **out** for drinks tonight.

Dan: A date?

Sam: Yeah! But I'm confused.
She's never **showed an interest** before.

Dan: She's probably shy. Do you like her?

Sam: Um . . . I think she's cute.

Dan: Then, **go for it! She could be the one.**

shy 부끄러워하는

매일 쓰는 표현 Pick!

- **ask [사람] out** [사람]에게 데이트를 신청하다

- **show an interest** 좋아하는 티를 내다
누군가에게 관심(interest)을 보인다는 의미예요.

- **Go for it!** 잘해봐!
격려하고 응원할 때 쓰는 "화이팅!" 같은 표현이에요.

- **She could be the one.** 걔가 네 짝일 수도 있잖아.
연애 얘기를 할 때 the one은 평생을 함께할 짝 또는 소울메이트를 가리켜요.

해석

Sam	Olivia가 방금 나한테 오늘 밤에 술 마시자고 데이트 신청했어.
Dan	데이트?
Sam	응! 근데 나 헷갈려. 걔가 한 번도 좋아하는 티를 낸 적이 없거든.
Dan	아마 부끄러웠겠지. 너는 걔 좋아해?
Sam	음… 걔 귀엽긴 해.
Dan	그럼, 잘해봐! 걔가 네 짝일 수도 있잖아.

미국에서는 첫 데이트 때 누가 돈을 낼까?

알콩달콩한 연애만 하고 싶은 연인 사이에서도 데이트 비용 같은 돈 문제는 참 어렵죠. 미국에서는 어떨까요? 미국에서는 첫 데이트를 할 때 먼저 데이트를 신청한 사람, 또는 남자가 비용을 지불하는 경우가 대부분이라고 해요! 한편, 둘 중 누군가가 먼저 비용을 내면 상대방에 대한 호감을 표시한 것으로 받아들여지기도 한답니다.

보너스 리얼 표현 Talk!

▲ MP3 바로 듣기

솔로일 때

나 소개팅 시켜 줄래? Can you set me up?

소개팅을 주선해 달라고 할 때 쓸 수 있는 표현이에요.

넌 눈이 너무 높아. You set the bar too high.

썸 타는 중

걔 밀당 중이야. He's playing hard to get.

마음을 줄 듯 말 듯, 어렵게 굴고 있다는 의미예요.

너희 둘 썸 타는 중이야? Is there something going on between you two?

나 걔 짝사랑 중이야. I have a crush on her.

첫눈에 반한 느낌, 또는 짝사랑을 crush라고 해요.

우리 둘은 잘 통해. We hit it off.

처음 만났을 때부터 잘 통해서 금방 친해진 경우를 가리켜요.

고백/데이트 신청할 때

오늘 저녁에 영화 볼래? Do you want to see a movie tonight?

→ have dinner 저녁을 먹다

나랑 데이트할래? Will you go out with me?

사귀자며 고백할 때 사용하는 표현이에요.

너랑 친구 이상이 되고 싶어. I want to be more than just friends.

너에 대해 더 알아가고 싶어. I'd like to get to know you better.

커플일 때

나 Jeff랑 사귀어. I'm dating Jeff.

둘이 케미가 좋아. They have great chemistry.

케미가 좋다는 한국어 표현이랑 똑같아요.

DAY 36 이별
호구의 사랑

▲ MP3 바로 듣기

#깨졌어 #못잊어 #미련있어 #후폭풍

주옥같은 리얼 대화 Go!

Gina: **What's the matter?** Is everything OK?

Kate: No. I fought with Jake.

He's **left** me **on read** all day.

Gina: Again? **For crying out loud!**

Kate: I know! **It's driving me crazy.**

Gina: Don't let him **walk all over** you!

Kate: You're right, but he's a good guy.

fight 싸우다

매일 쓰는 표현 Pick!

- **What's the matter?** 무슨 일 있어?

- **leave [사람] on read** 연락을 무시하다
누군가가 보낸 메시지를 읽은(read) 상태로 두고(leave) 답장을 하지 않는다는 뜻이에요.

- **For crying out loud!** 돌아버리겠네!
매우 놀라거나, 짜증이 확 나는 상황에서 많이 쓰는 표현이에요.

- **It's driving me crazy.** 나 그거 때문에 정말 미칠 것 같아.

- **walk all over [사람]** [사람]을 함부로 대하다
누군가를 마구 밟고 지나가는 것처럼 사람을 함부로 대하는 모습을 떠올려보세요.

해석

Gina	무슨 일 있어? 다 괜찮은 거지?
Kate	아니. 나 Jake랑 싸웠어. 걔 하루 종일 내 연락을 무시해.
Gina	또? 돌아버리겠네!
Kate	내 말이! 나 그거 때문에 정말 미칠 것 같아.
Gina	걔가 너를 함부로 대하게 하지 마!
Kate	네 말이 맞아, 근데 걔 착한 애야.

사람 헤어지는 건 다~ 똑같더라

불편한 상황을 피하고 싶은 마음에 카톡으로 이별을 통보하는 이른바 '카톡 이별'을 선택하는 경우가 있죠. 그런데 이런 손쉬운 이별을 택하는 사람들은 한국에만 있는 게 아니에요. 미국에서도 메신저나 SNS를 통해 이별하는 사람들이 늘어나고 있다고 하는데요. 어느새 SNS가 인연을 정리하는 방법이 되었네요.

보너스 리얼 표현 Talk!

▲ MP3 바로 듣기

이별했다고 말할 때

나 걔랑 헤어졌어.

I broke up with her.

헤어졌다는 걸 관계가 완전히 부서졌다고(broke) 표현한 거예요.

우리 깨졌어.

We split up.

커플이 분리되는(split) 거니까 관계가 깨진 거겠죠?

이별한 이유에 대해 말할 때

걔가 나 찼어.

She dumped me.

상대가 먼저 헤어지자며 나를 버렸다(dumped)는 표현이에요.

서로 합의하에 헤어졌어.

It was mutual.

누가 먼저랄 것도 없이 서로 같은 마음으로(mutual) 헤어지는 걸 말해요.

우리 멀어졌어.

We've drifted apart.

사이가 멀어지다

우린 맨날 싸웠어.

We fought all the time.

이별한 후에

나 걔를 못 잊겠어. I can't get over her.
(get over: ~를 잊어버리다)

나 걔한테 아직 미련 남았어. I still have feelings for him.
(feelings: 감정)

나 걔 인스타 차단했어. I blocked him on Instagram.
→ stalked 눈팅했어(몰래 봤어)

위로해 줄 때

더 좋은 사람 만날 수 있어. You can do better than him.

걔는 네 짝이 아니었어. She wasn't the one for you.

솔로를 즐겨. Enjoy being single.
(single: 솔로)

DAY 37 결혼

친구의 결혼 소식

#예비부부 #결혼계획 #청첩장 #천생연분

▲ MP3 바로 듣기

주옥같은 리얼 대화 Go!

Sam: Gina, I just **got the news**! You're engaged?

Gina: Yeah. He finally **popped the question**!

Sam: Congratulations! **I'm so happy for you!**

Gina: Thanks. I'll send you an invitation.

Sam: Great! How's the preparation going?

Gina: There's so much to do. **I'm in over my head!**

engaged 약혼한 **invitation** 청첩장, 초대장

매일 쓰는 표현 Pick!

- **get the news** 소식을 듣다

- **pop the question** 프러포즈하다, 청혼하다
  "Will you marry me?"라는 질문을 터트렸다(pop)는 뜻으로, 청혼했음을 비유적으로 표현했어요.

- **I'm so happy for you!** 정말 잘됐다!
  '네게 좋은 일이 생겨서 나도 정말 기뻐'라는 뜻으로, 축하할 때 자주 쓰는 표현이에요.

- **I'm in over my head!** 도저히 감당이 안 돼!
  '내 머리 위에 있다'는 의미로, 하고 있는 일이 벅차다는 말이에요.

해석

Sam	Gina, 나 방금 소식 들었어! 너 약혼했다며?
Gina	응. 걔가 드디어 프러포즈했어!
Sam	축하해! 정말 잘됐다!
Gina	고마워. 청첩장 보내줄게.
Sam	좋아! 준비는 어떻게 돼가?
Gina	할 게 너무 많아. 도저히 감당이 안 돼!

신랑, 신부만큼 중요한 들러리!

미국 결혼식에 빠지지 않고 꼭 등장하는 것, 바로 들러리죠! 신랑, 신부의 친한 친구들, 또는 친척들이 들러리로 서서 결혼식 내내 중요한 역할을 담당해요. 결혼식의 테마 색깔에 맞춘 드레스, 넥타이를 하고 신랑, 신부와 함께 사진 촬영도 하고, 입장도 함께 하죠. 피로연에 해당하는 reception에서는 신랑, 신부에게 편지를 읽어주거나 덕담을 해준답니다.

보너스 리얼 표현 Talk!

▲ MP3 바로 듣기

예비부부와 스몰톡할 때

둘이 얼마나 만났어?	How long did you two date? 사귄 기간이 얼마나 됐는지 물어보는 질문이에요.
2년 동안 만났어.	We dated for two years. → a few months 몇 개월
둘이 어떻게 만났어?	How did you two meet?
친구 소개로 만났어.	A friend introduced us.
대학교 친구였어.	We were friends in college. → since we were kids 어릴 때부터
직장에서 만났어.	We met at work. → at a book club 독서 모임에서 on a dating app 데이트 앱으로

커플을 칭찬할 때

둘이 너무 잘 어울린다. You two just go together.
잘 어울리다

둘이 천생연분이네. You two are made for each other.
서로를 위해 만들어진 것처럼 정말 잘 어울린다는 말이에요.

둘이 정말 행복해 보인다. You look so happy together.

결혼 취소했을 때

우리 결혼 파투 났어. We called off the wedding.
취소하다

우리 결혼 안 하기로 했어. We decided not to get married.

대화 나누는
라이프

대화 능력이 곧 경쟁력인 요즘!
날씨부터 반려동물, 성격 등 가장 흔한 주제만 담은 리얼 대화만 익히면
어디서든 영어로 대화를 주도할 수 있어요.

DAY 38 날씨
역대급 찜통 더위

▲ MP3 바로 듣기

#더위실화냐 #미세먼지 #강추위

주옥같은 리얼 대화 Go!

Dan: This summer heat **is no joke!**

Gina: **You can say that again.** The heat **is killing me.**

Dan: I feel like I'm melting!

Gina: It's probably going to last a few weeks.

Dan: I'm not leaving my house, then.

Gina: **Same here. Thank god for** A/C.

last 지속되다 A/C 에어컨(air conditioner)

매일 쓰는 표현 Pick!

- **~ is no joke!** ~ 실화냐(장난 아니야)!
  믿을 수 없을 정도로 상황이 심각할 때 쓰는 표현이에요.

- **You can say that again.** 완전 공감.
  '그 말을 다시 해도 나는 똑같이 공감할 거야'라는 의미로, 강하게 동의할 때 써요.

- **~ is killing me.** ~ 때문에 죽겠어.

- **Same here.** 나도(마찬가지야).

- **Thank god for ~** ~이 있어서 천만다행이야
  A/C 같은 물건 또는 사람을 넣어서 '덕분에 살았다!'는 느낌으로 써요.

해석

Dan	올여름 더위 실화냐!
Gina	완전 공감. 더위 때문에 죽겠어.
Dan	녹아내리는 기분이야!
Gina	아마 몇 주 동안은 지속될텐데.
Dan	그럼 난 집에서 안 나가야지.
Gina	나도. 에어컨이 있어서 천만다행이야.

간단한 화씨(°F) → 섭씨 계산법(°C)

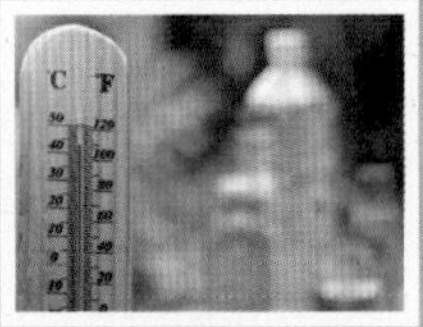

미국 일기예보를 보면 기온이 80~90도를 넘나들 정도로 말도 안 되게 높아요! 미국이 사실 불지옥이라서가 아니라 화씨(°F) 단위를 사용하기 때문인데요. 섭씨 30도는 약 화씨 86도와 같아요. 화씨온도를 섭씨로 바꿀 때, 화씨온도에서 30을 뺀 다음 반으로 나눠주면 약간의 오차가 있긴 하지만 쉽게 변환이 가능하답니다!

보너스 리얼 표현 Talk!

▲ MP3 바로 듣기

봄/여름 날씨

날이 화창해. It's sunny.
→ boiling 엄청 더워
humid 후덥지근해

비가 쏟아져. It's pouring.
양동이로 물을 쏟아붓는(pouring) 것처럼 비가 마구 쏟아지는 느낌이에요.

태풍 온대. A typhoon is coming.
→ The rainy season 장마철

에어컨 켜자. Let's turn the A/C on.

오늘 미세 먼지 엄청 심해. The fine dust is really bad today.
→ yellow dust 황사

벚꽃이 만개했어. The cherry blossoms are in full bloom.
꽃이 활짝 핀

가을/겨울 날씨

엄청 추워.

It's freezing.

→ chilly 쌀쌀해

옷 따뜻하게 껴입어.

Bundle up.

꽁꽁 싸매서 마치 큰 꾸러미(bundle)처럼 보이는 모습을 상상해 보세요.

감기 조심해.

Be careful not to catch a cold.

감기에 걸리다

눈 와.

It's snowing.

칼바람이 불어.

The wind is biting.

바람이 마치 깨무는(biting) 듯이 아프게 느껴진다는 말이에요.

일교차가 꽤 심해.

The temperature swing is pretty bad.

일교차

DAY 39 반려동물
나만 댕댕이 없어

▲ MP3 바로 듣기

#몇살? #쓰담쓰담 #귀요미

주옥같은 리얼 대화 Go!

Dan: **What a cutie! What breed is it?**

Kate: She's a mixed breed.
I adopted her from the animal shelter.

Dan: Wow! What's her name?

Kate: It's Coco.

Dan: That's a cute name! **Does she bite?**

Kate: No. **You can pet her** if you want.

breed 종 adopt 입양하다 animal shelter 동물 보호소

매일 쓰는 표현 Pick!

· **What a cutie!** 완전 귀염둥이잖아!
사랑스럽고 귀여운 사람이나 동물을 cutie(귀염둥이)라고 해요.

· **What breed is it?** 얘는 무슨 종이야?
동물의 성별을 안다면 it 자리에 she나 he를 넣어서 물어봐요.

· **Does she bite?** 얘 혹시 물어?

· **You can pet her.** 쓰다듬어봐도 돼.

해석

Dan	완전 귀염둥이잖아! 얘는 무슨 종이야?
Kate	얘는 믹스견이야. 동물 보호소에서 입양했어.
Dan	와! 얘 이름은 뭐야?
Kate	Coco야.
Dan	이름 완전 귀엽다! 얘 혹시 물어?
Kate	아니. 원하면 쓰다듬어봐도 돼.

의외의 고소득 직업, 도그 워커(dog walker)

개를 산책시키는 직업이 있다는 사실! 알고 계셨나요? 바로 개 산책을 전문적으로 해주는 도그 워커인데요. 반려동물을 키우는 인구가 많고 동물 복지에 대한 인식이 높은 미국에서는 주인이 바쁠 때 고용된 도그 워커가 대신 산책을 시켜줘요. 대도시에서는 특히 수요가 많아 수입도 높고, 좋아하는 일을 직업으로 삼을 수 있어서 인기가 많답니다!

보너스 리얼 표현 Talk!

▲ MP3 바로 듣기

반려동물 주인과 얘기할 때

너 반려동물 키워?

Do you have any pets?
반려동물

나 햄스터 키워.

I have a hamster.
키우는 반려동물 종류를 넣어 말해요.

얜 달마시안이야.

He's a dalmatian.
→ poodle 푸들
maltese 몰티즈

남자애야, 여자애야?

Is it a boy or a girl?

너희 고양이 몇 살이야?

How old is your cat?

반려동물을 안 키울 때

나 반려동물 안 키워. I don't have any pets.

난 동물을 별로 안 좋아해. I'm not really an animal person.

'동물을 좋아하는 사람'이라는 의미로, dog person(개를 좋아하는 사람)처럼 사용할 수도 있어요.

나 고양이 알레르기 있어. I'm allergic to cats.

주인에게 허락 구할 때

얘한테 간식 줘도 돼? Can I give him a treat?

treat: 간식

너희 강아지 쓰다듬어봐도 돼? Can I pet your puppy?

pet: 쓰다듬다

얘 안아봐도 돼? Can I hold her?

hold: 안다

DAY 40 성격

그 사람 어때?

▲ MP3 바로 듣기

#성격좋아 #낯가려 #노잼이야

주옥같은 리얼 대화 Go!

Dan: Kate, **remember** Justin from school**?**

Kate: Of course. But we **lost touch**.

Dan: I **bumped into** him at the gym yesterday.

Kate: Really? **What a small world!**

Dan: I know! He was friendly.

Kate: I'm not surprised. He was very outgoing.

friendly 붙임성 좋은, 친절한 outgoing 외향적인

매일 쓰는 표현 Pick!

· **Remember [이름]?** [이름] 기억나?
Remember 뒤에 사람 이름을 넣어서 물어봐요.

· **lose touch** 연락이 끊기다
touch는 신체적인 접촉뿐만 아니라 연락을 주고받는 것도 의미해요.

· **bump into [사람]** [사람]이랑 우연히 마주치다
예상치 못한 곳에서 아는 사람이랑 딱! 부딪혀서(bump) 놀란 느낌이에요.

· **What a small world!** 세상 참 좁다!

해석

Dan	Kate, 학교 같이 다녔던 Justin 기억나?
Kate	당연하지. 근데 우리 연락 끊겼어.
Dan	나 어제 헬스장에서 걔랑 우연히 마주쳤어.
Kate	진짜? 세상 참 좁다!
Dan	내 말이! 걔 붙임성 좋더라.
Kate	놀랍지 않아. 걘 엄청 외향적이었잖아.

혈액형 성격설, 미국인들도 믿을까?

혈액형별로 성격이 다르다는 이야기, 익숙하시죠? 그런데 미국에서는 혈액형 성격설이 그리 대중적이지 않아요. 오히려 혈액형을 개인 의료 정보로 생각하기 때문에 이야기하는 것을 민감하게 여기죠. 대신 미국인들은 별자리를 많이 물어보니, 미국인 친구와의 대화를 "What's your zodiac sign?"(너는 무슨 별자리야?)으로 시작해 보세요!

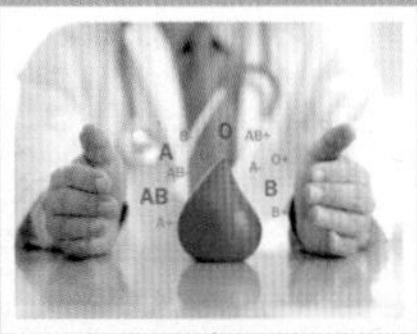

보너스 리얼 표현 Talk!

▲ MP3 바로 듣기

다른 사람 성격에 대해 말할 때

James 어때?

What's James like?

성격이 어떤지 궁금한 사람의 이름을 넣어 물어보세요.

걘 성격이 느긋해.

He's easygoing.

- shy 낯 가리는
- energetic 에너지가 넘치는

장점에 대해 말할 때

걘 사람들을 잘 챙겨.

She's caring.

- always on the ball 똑 부러지는
- dependable 믿음직스러운

모든 사람이 걔를 좋아해.

Everybody loves him.

걘 유머 감각이 뛰어나.

He has a great sense of humor.

sense of humor: 유머 감각

걘 성격이 좋아.

She has a good personality.

personality: 성격

단점에 대해 말할 때

갠 너무 까다로워. He's really picky.

이것저것 가리는 게 많은 까다로운 성격을 가리켜요.

갠 매너가 없어. She has no manners.

갠 노잼이야. He's really dull.

따분한

갠 좀 덤벙거려. She's clumsy.

뭘 해도 서툴고 덤벙대는 성격을 가리켜요.

갠 성질이 나빠. He has a bad temper.

성질

갠 날 불편하게 만들어. She makes me uncomfortable.

DAY 41 소비생활

통장이 텅텅

#카드값 #구두쇠 #충동구매그만

주옥같은 리얼 대화 Go!

Sam: I **got paid** today, but **I'm** still **broke.**

Kate: What? How come?

Sam: I had to **pay** my **credit card bill**.

Kate: Same here. We should stop impulse buying.

Sam: Yeah . . . but did you see the new iPad?

Kate: Ugh! **You're the worst!**

impulse buying 충동구매 worst 최악의

매일 쓰는 표현 Pick!

- **get paid** 월급(봉급)을 받다

- **I'm broke.** 빈털터리야(돈이 없어).

- **pay ~ credit card bill** ~의 카드값을 갚다
credit card 앞에는 my, your(너의) 등을 넣어서 누구의 카드값인지 말해요.

- **You're the worst!** 넌 진짜 최악이야!

해석

Sam	나 오늘 월급 받았는데, 여전히 빈털터리야.
Kate	진짜? 어떻게 된 거야?
Sam	내 카드값을 갚아야 했거든.
Kate	나도. 우리 충동구매 그만해야겠다.
Sam	그치… 근데 너 새로 나온 아이패드 봤어?
Kate	아! 넌 진짜 최악이야!

'금수저'가 영어로는 '은수저'라고?

우리나라에서는 부유한 집안에서 태어나, 경제적으로 풍족하게 자란 사람을 '금수저'라고 부르죠. 미국에서는 이런 사람들을 보고 "She was born with a silver spoon in her mouth."(걘 은수저를 입에 물고 태어났어.)라고 해요. 중세 유럽에서 귀족들만이 은식기를 사용하던 것에서 비롯해, 지금까지도 은식기는 부의 상징이기 때문이에요!

보너스 리얼 표현 Talk!

▲ MP3 바로 듣기

주머니 상황이 좋지 않을 때

나 돈 다 떨어졌어. I ran out of money.

가지고 있던 것이 다 없어진(out) 상태가 됐다는 뜻이에요.

나 그거 감당 못 해. (못 사.) I can't afford it.

여유가 되다

나 저축해야 해. I have to save money.

저축하다, 모으다

나 돈 절약해야 해. I have to cut back on spending.

~을 줄이다

걘 정말 구두쇠야. He's so cheap.

저렴한 물건만을 좋아하는 인색한 느낌이에요.

그거 하느라 탈탈 털렸어. It wiped me out.

큰돈이 들어가는 일을 하느라 돈이 왕창 나갔을 때 쓰는 말이에요.

주머니 상황이 좋을 때

나 부자야.

I'm loaded.

총알이 장전된(loaded) 것처럼 지갑이 빵빵한 상태랍니다.

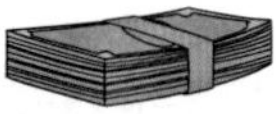

갠 잘 살아.

He's well-off.

부유한

갠 돈이 아주 많아.

He's made of money.

마치 돈으로 만들어진 사람처럼 돈이 아주 많다는 의미예요.

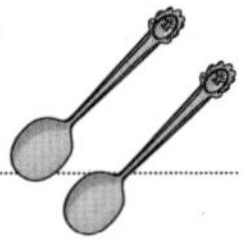

갠 금수저야.

She was born with a silver spoon in her mouth.

흙수저는 wooden spoon(나무 수저)이에요.

DAY 42 소문
쉿! 너만 알고 있어

▲ MP3 바로 듣기

#말도안돼 #무덤까지 #가져갈게

주옥같은 리얼 대화 Go!

Kate: **Did you hear about** John**?**

Dan: No. **What's going on?**

Kate: **He's dating** Emily.

Dan: Emily from the sales department?

Kate: Yeah. Don't tell anyone.

Dan: OK. **My lips are sealed.**

department 부서 sealed 봉인된

매일 쓰는 표현 Pick!

· **Did you hear about ~?** 너 ~ 소식 들었어?
뉴스나 화젯거리를 꺼낼 때 많이 쓰는 표현이에요.

· **What's going on?** 무슨 일이야?

· **be dating [사람]** ~와 사귀다
[사람] 앞에 with를 쓰지 않는다는 점, 꼭 기억해두세요!

· **My lips are sealed.** 입 다물게.
'입술이 봉인(sealed)되었다', 즉 어디에도 비밀을 말하지 않겠다는 뜻이에요.

해석

Kate	너 John 소식 들었어?
Dan	아니. 무슨 일이야?
Kate	걔 Emily랑 사귄대.
Dan	영업 부서의 Emily?
Kate	응. 아무한테도 말하지 마.
Dan	알았어. 입 다물게.

미국에는 가십만 다루는 잡지가 있다?

다른 사람에 대한 소문이나 안 좋은 이야기를 하는 걸 가십(gossip)이라고 해요. 특히 미국에서는 연예인에 대한 가십만 다루는 잡지가 따로 있을 정도로 가십을 즐기는데요. 대표적인 가십지로는 피플(People)이 있어요! 그 외에 어쓰 위클리(Us Weekly), 할리우드 리포터(The Hollywood Reporter), 인터치(In Touch) 등도 많이 본답니다.

보너스 리얼 표현 Talk!

▲ MP3 바로 듣기

이야기를 꺼낼 때

재미있는 소식 없어?

Do you have any juicy gossip?

즙이 많은(juicy) 과일처럼 군침이 돌게 재미있다는 느낌이에요.

걔에 대한 소식을 알고 있어.

I have the tea on her.

차를 마시면서 가십거리를 얘기했던 것에서 유래해, tea는 '가십거리'라는 뜻의 속어로 사용돼요.

얼른 그냥 불어봐.

Just spill the beans.

콩을 쏟아버리듯 비밀을 털어놓으라는 표현이에요.

걔에 대한 썰 좀 풀어봐!

Spill the tea on him!

비밀 이야기를 털어놓듯, 가십거리를 쏟아내리라는(spill) 뜻이에요.

소문 안 믿는다고 할 때

그 소문 말도 안 돼.

That rumor is ridiculous.

말도 안 되는

그거 그냥 지어낸 얘기야.

That's just a made-up story.

비밀을 지킬 때

비밀로 해줘. Keep it to yourself.

너만 알고 있어. Mum's the word.

입술을 꼭 다문 채로 말하려고 할 때 나는 소리를 떠올려 보세요~

무덤까지 가져갈게. I'll take it to the grave.

무덤

비밀 지킬게. Your secret is safe with me.

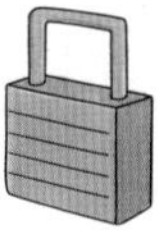

우리끼리니까 하는 말이야. This is between you and me.

DAY 43 길 묻기

여긴 어디, 나는 누구?

▲ MP3 바로 듣기

#어떻게가요? #멀어요? #도보가능 #막차

주옥같은 리얼 대화 Go!

Kate: Excuse me. **How can I get to** Times Square**?**

Stranger: It's easy.

Go straight and turn left on 6th Avenue.

Kate: Should I **take the bus**?

Stranger: No. It's not that far. You can walk there.

Kate: I see. **Thanks for your help.**

Stranger: **Don't mention it.**

go straight 직진하다 avenue -가, 거리

매일 쓰는 표현 Pick!

· **How can I get to [장소]?** [장소]에 어떻게 가나요?
to 뒤에 가고 싶은 장소를 붙여서 길을 물어봐요.

· **take the bus** 버스를 타다
bus 대신 subway(지하철), train(기차) 등을 넣어서 말해 보세요.

· **Thanks for your help.** 도와주셔서 감사합니다.

· **Don't mention it.** 별말씀을요.
'굳이 말 안 해도 된다'라는 의미로, 고맙다는 말에 대한 정중한 대답이에요.

해석

Kate	저기요. Times Square에 어떻게 가나요?
Stranger	쉬워요. 직진하다가 6번가에서 좌회전하세요.
Kate	버스를 타야 하나요?
Stranger	아니요. 별로 안 멀어요. 걸어갈 수 있어요.
Kate	그렇군요. 도와주셔서 감사합니다.
Stranger	별말씀을요.

미국에서 길 찾기, 너무 쉽다!

미국에서 길 찾을 때는 표지판을 확인하세요! 미국의 도시는 여러 개의 건물이 모여 하나의 블록을 이루고, 그 블록 사이사이에는 길이 있는 격자무늬 모양으로 구성되어 있어요. 또한 모든 길에는 이름이 있어서 내가 가야 하는 곳이 어느 길의 몇 번째 블록인지만 알면 초행길이어도 쉽게 찾아갈 수 있답니다!

보너스 리얼 표현 Talk!

▲ MP3 바로 듣기

위치를 물어볼 때

이 장소를 못 찾겠어요.

I can't find this place.

지도 앱을 보여주면서 간단히 사용할 수 있는 표현이에요.

공원은 얼마나 멀어요?

How far away is the park?

걸어갈 수 있나요?

Can I walk there?

지하철에 대해 물어볼 때

가장 가까운 지하철역이 어디인가요?

Where is the nearest subway station?

the nearest: 가장 가까운

지하철 카드 어디서 살 수 있나요?

Where can I buy a Metro Card?

미국은 도시마다 지하철 카드의 이름이 달라요.
뉴욕의 지하철 카드는 Metro Card예요.

다음 역이 어디예요?

What is the next station?

버스에 대해 물어볼 때

이 버스 시청 가나요?

Does this bus go to City Hall?

→ downtown 시내

여기가 종점인가요?

Is this the last stop?

막차가 몇 시예요?

When is the last bus?

→ first 첫 번째

버스 배차 간격이 어떻게 돼요?

How often does the bus come?

길 안내해 줄 때

Broadway 역에서 내리세요.

Get off at Broadway Station.

Get off: (지하철, 버스 등에서) 내리다

K 건물 바로 옆에 있어요.

It's right next to the K building.

→ across 맞은편에

함께 사는 라이프

Hello밖에 할 줄 모르는 헬로 머신들 주목!
함께 사는 세상에서 적절한 인사말은 기본이죠? 인사하기, 축하하기는 물론,
진심으로 사과해야 할 상황에서도 통하는 만능 대화로 마음을 표현하세요!

DAY 44 인사하기

그동안 잘 지냈어?

DAY 45 약속 잡기

만나자, 불금에!

DAY 46 축하하기

생일엔 네가 주인공!

DAY 47 칭찬하기

네가 제일 잘 나가!

DAY 48 부탁하기

신세 좀 질게

DAY 49 사과하기

한 번만 용서해줘

DAY 50 격려하기

힘내! 토닥토닥

DAY 44 인사하기

그동안 잘 지냈어?

#오랜만 #그럭저럭 #카톡할게

▲ MP3 바로 듣기

주옥같은 리얼 대화 Go!

Kate: Julia, **it's been forever!**

Julia: I know! **How have you been?**

Kate: **I've been good.**

Are you still working at the same place?

Julia: No. I changed jobs ages ago.

Kate: Really? We need to **catch up**!

Julia: Definitely. **I'll text you!**

definitely 당연히, 분명히

매일 쓰는 표현 Pick!

- **It's been forever!** 엄청 오랜만이다!
  '만난 지 백만 년 됐다!'처럼 forever를 써서 오랜 시간이 지났음을 강조해요.

- **How have you been?** 그동안 어떻게 지냈어?

- **I've been good.** 난 잘 지냈어.

- **catch up** 따라잡다 (못다 한 이야기를 나누다)
  만나지 못한 시간을 따라잡듯(catch up), 못다 한 이야기를 나눈다는 뜻이에요.

- **I'll text you!** 카톡 할게(문자할게)!

해석

Kate Julia, 엄청 오랜만이다!

Julia 내 말이! 그동안 어떻게 지냈어?

Kate 난 잘 지냈어. 넌 계속 같은 데서 일하고 있어?

Julia 아니. 나 이직한 지 엄청 오래됐어.

Kate 진짜? 우리 그동안 못다 한 얘기를 나눠야겠다!

Julia 당연하지. 카톡 할게!

"언제 밥 한번 먹자!"

한국인들은 오랜만에 만난 친구에게 "언제 밥 한번 먹자!"라고 말하죠? 지켜지지 않을 약속이라는 걸 알지만요. 그런데 미국에서도 비슷한 인사를 주고받는답니다! 이럴 때 미국인들은 "Let's grab a bite some time!"(언제 밥 한번 먹자!)라고 하는데요. 진짜로 만나는 경우는 드물다고 해요. 지켜지지 않을 약속을 인사치레로 한다는 것까지 비슷하죠?

보너스 리얼 표현 Talk!

▲ MP3 바로 듣기

처음 만났을 때

만나서 반가워요. Nice to meet you.

얘기 많이 들었어요. I've heard so much about you.

Dan이라고 불러도 돼요. You can call me Dan.

영어 닉네임을 쓰거나, 이름을 줄여서 불러도 된다고 알려줄 때 사용해요.

오랜만에 만났을 때

오랜만이야. Long time no see.

안 본 지 오래됐다는 의미의 표현이에요.

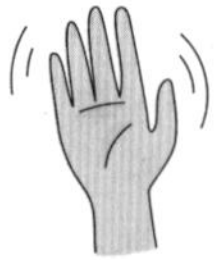

너 그대로다.
(너 하나도 안 변했다.) You haven't changed a bit.

근황 말할 때

그럭저럭 잘 지내. I can't complain.

불평할(complain) 필요 없이 괜찮게 지내고 있다는 표현이에요.

잘 지내지. I'm good.

별로 안 좋아. I've been better.

'예전에는 더 잘 지냈었다'는 뜻으로, 지금은 별로 좋지 않다는 의미예요.

헤어질 때

나 이제 가봐야 해. I gotta go.

got to를 발음하기 편하게 gotta라고도 해요.

연락하고 지내자. Let's keep in touch.

계속 접촉(touch)한 채로 지내자, 즉 연락을 계속하자는 말이에요.

만나서 반가웠어. It was nice seeing you.

DAY 45 약속 잡기

만나자, 불금에!

▲ MP3 바로 듣기

#시간돼? #콜! #선약있어 #아직모름

주옥같은 리얼 대화 Go!

Sam: Gina, wanna **hang out** this weekend?

Gina: I would, but **I already have plans.**

Sam: How about next Friday?

Gina: Friday **works for me.**

Sam: There's a new Thai place downtown.
Let's check it out.

Gina: **I'm up for that!**

downtown 시내에

매일 쓰는 표현 Pick!

· **hang out** 놀다, 함께 시간을 보내다
친구와 가볍게 시간을 보내며 논다는 의미의 표현이에요.

· **I already have plans.** 나 이미 선약이 있어(계획이 있어).

· **[요일/날짜] works for me.** [요일/날짜]에는 가능해.
works 앞에 Friday처럼 요일이나 날짜를 붙여서 말해요.

· **Let's check it out.** 한번 가보자(확인해보자).
check it out은 힙합 용어? 일상에서 '확인해보자!'라는 의미로도 많이 쓰여요.

· **I'm up for that!** 콜(좋아)!
be up for ~은 '기꺼이 ~하고 싶다'라는 뜻으로, 제안한 것을 승낙하는 리액션 표현이에요.

해석

Sam	Gina야, 주말에 놀래?
Gina	좋지, 근데 나 이미 선약이 있어.
Sam	그럼 다음 주 금요일은 어때?
Gina	금요일에는 가능해.
Sam	시내에 새로 생긴 태국 음식점 있던데. 한번 가보자.
Gina	콜!

미국인들의 각별한 에스닉 푸드(ethnic food) 사랑

미국에서는 요즘 다른 문화권의 음식인 에스닉 푸드(ethnic food)가 핫한 트렌드로 떠오르고 있답니다. 이러한 흐름에 힘입어 한식도 인기 에스닉 푸드로 성장하고 있어요! 특히 미국의 대형 마트인 코스트코에서는 한국 김을 자체 개발해 판매하고 있을 정도예요. 그러니 미국인 친구와 만날 때 함께 한식을 먹어보는 게 어떨까요?

보너스 리얼 표현 Talk!

▲ MP3 바로 듣기

약속 잡을 때

저녁 8시에 시간 돼?

Are you free at 8 p.m.?
(free: 한가한)

토요일에 계획 있어?

Do you have plans on Saturday?
(요일을 넣어서 말하세요.)

맛있는 거 먹자!

Let's eat something good!
- get a drink 술 한잔하자
- grab a coffee 커피 한잔하자

약속을 수락할 때

좋지.

I'd love to.

그거 좋다!

Sounds great!

기대된다!

I'm looking forward to it!
(looking forward to: ~을 기대하다)

약속을 거절/미룰 때

되지 잘 모르겠어. I don't know if I can.

나중에 알려줄게. I'll let you know.

안될 것 같아. I'm afraid I can't.

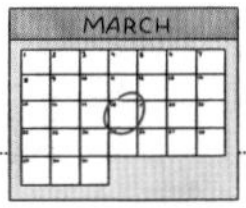

스케줄 확인해 볼게. Let me check my schedule.

나도 그러고 싶은데 몸이 안 좋아. I'd love to but I don't feel well.

→ I'm too tired 너무 피곤해

다음으로 미뤄도 될까? Can I take a rain check?

비 때문에 취소된 경기 대신 다음에 쓸 수 있는 무료입장 티켓(rain check)을 준 데서 유래했어요.

DAY 46 축하하기

생일엔 네가 주인공!

▲ MP3 바로 듣기

#취업 #승진 #꽃길만걷자

주옥같은 리얼 대화 Go!

Dan: Sam! Happy birthday!

Sam: Thanks! I thought you forgot.

Dan: **Of course not. Any big plans for** tonight**?**

Sam: Sure, **I'm going to** celebrate.

Dan: Oh! Do you have a date?

Sam: With my imaginary girlfriend?
No, just **a family get-together**.

forget 까먹다, 잊다 **imaginary** 상상의

매일 쓰는 표현 Pick!

- **Of course not.** 당연히 아니지.

- **Any big plans for [날짜/요일]?** [날짜/요일]에 특별한 계획 있어?
  아주 특별한 계획을 big plan이라고 해요.

- **I'm going to ~** ~ 해야지, ~ 할 거야
  going to 뒤에는 celebrate처럼 계획한 일을 넣어서 말해요.

- **a family get-together** 가족 모임

해석

Dan	Sam! 생일 축하해!
Sam	고마워! 난 네가 까먹은 줄 알았어.
Dan	당연히 아니지. 오늘 저녁에 특별한 계획 있어?
Sam	그럼, 축하해야지.
Dan	오! 데이트 있어?
Sam	내 상상 속 여자친구랑? 아니, 그냥 가족 모임이야.

미국에서 용돈은 선물이 아니다?

우리는 세뱃돈 외에도 특별한 날 아이들에게 선물로 용돈을 많이 주죠? 그런데 미국에서는 아이들에게 선물로 돈을 주는 문화가 없어요. 그래서 아이에게 용돈을 주면 어색한 상황이 펼쳐질 수 있답니다. 돈보다는 아이가 평소에 좋아하는 장난감이나 책 등의 물건을 선물로 주는 것이 좋아요!

보너스 리얼 표현 Talk!

▲ MP3 바로 듣기

축하할 때

졸업 축하해.	Congratulations on your graduation. → promotion 승진 new job 취업/이직
기념일 축하해!	Happy anniversary! anniversary 기념일
생일 미리 축하해.	Happy birthday in advance. in advance 미리
늦었지만 생일 축하해!	Happy belated birthday! belated 뒤늦은

명절 인사 나눌 때

연말연시 잘 보내!	Happy Holidays!
추수감사절(추석) 잘 보내!	Happy Thanksgiving! → New Year 새해 Lunar New Year 설날(음력 설)

덕담할 때

생일 잘 보내길 바라! — I hope you have a great birthday!
(I hope: 바라는 것을 얘기할 때 문장 앞에 붙여 말해요.)

행운을 빌어! — Good luck!

건강해야 해. — Stay healthy.

모든 게 잘되길 빌어! — I wish you all the best!
(I wish: 이 표현도 바라는 것을 얘기할 때 문장 앞에 붙여 쓸 수 있어요.)

꽃길만 걷길 바라. — I hope everything goes well for you.
(goes well: 잘되다)

일이 더 잘 풀리길 바라. — I hope it all works out for you.
(works out: 일이 잘 풀리다)

DAY 47 칭찬하기

네가 제일 잘 나가!

#센스쟁이 #능력자 #잘어울려 #과찬이야

▲ MP3 바로 듣기

주옥같은 리얼 대화 Go!

Kate: Did you get new shoes? **They look great on you!**

Gina: Thanks. I bought them yesterday.

Kate: You **have great taste**!

Gina: Hm . . . **Something is fishy.**

Kate: Actually . . . I have a favor to ask you . . .

Gina: So you were trying to **get brownie points**!

favor 부탁

매일 쓰는 표현 Pick!

- **They look great on you!** (그거) 너랑 완전 잘 어울린다!
  jacket(재킷), ring(반지) 등을 칭찬할 때에는 They look 대신 It looks를 써서 말해요.

- **have great taste** 보는 눈이 있다, 센스가 좋다

- **Something is fishy.** 뭔가 수상해.
  어딘가에서 생선 비린내 같은(fishy) 수상한 냄새가 난다는 비유적인 표현이에요.

- **get brownie points** 점수를 따다
  아이들이 스티커를 받으려고 착한 일을 하듯, 뭔가를 바라고 행동할 때 쓰는 표현이에요.

해석

Kate	신발 새로 샀어? 너랑 완전 잘 어울린다!
Gina	고마워. 이거 어제 샀어.
Kate	넌 진짜 보는 눈이 있다니까!
Gina	흠… 뭔가 수상해.
Kate	사실은… 너한테 부탁할 게 있는데…
Gina	그래서 나한테 점수 따려는 거였네!

미국에서 통하지 않는 한국식 칭찬

우리나라 사람들은 "얼굴이 작다.", "다리가 길다." 등의 칭찬을 참 많이 하죠? 하지만 미국에서 이런 칭찬을 했다간 곤란해질 수 있어요. 왜냐하면 미국 사람들은 이런 말을 칭찬으로 잘 생각하지 않고, 오히려 모욕이라고 생각할 수도 있기 때문인데요. 다른 사람을 칭찬할 때는 옷이나 머리 스타일 또는 능력, 성과 등을 칭찬하는 것이 더 좋아요!

보너스 리얼 표현 Talk!

▲ MP3 바로 듣기

상대방을 칭찬할 때

너 사진발 진짜 잘 받는다. The camera really loves you.

카메라가 너를 정말 사랑해서 사진이 잘 나오는 것 같다는 표현이에요.

넌 만능 스포츠맨이야. You're super athletic.

athletic: 운동을 잘하는, 선수 같은

넌 얘기를 잘 들어줘. You're a great listener.

넌 진짜 얼리 어답터야. You're such an early adapter.

early adapter: 신제품을 빨리 접하고, 유행에 민감한 사람들을 일컬어요.

넌 능력자야.
(뭐든지 잘해.) You're good at everything.

너한테 항상 많은 걸 배워. I always learn so much from you.

스타일에 대해 칭찬할 때

네 머리 완전 예쁘다. (마음에 든다.)

I love your hair.

scarf 스카프
T-shirt 티셔츠

패션 정말 멋져!

Your outfit is amazing.

옷차림

그 가방, 네 옷이랑 잘 어울린다.

That bag goes well with your outfit.

서로 잘 어울리는 것들이 함께 걸어가는 조화로운 모습을 상상해 보세요~

칭찬에 대답할 때

과찬이십니다.

I'm flattered.

'내가 아첨을 받았다'는 의미로, 과한 칭찬을 받았을 때 사용해요.

별말씀을요.

That's so nice of you.

DAY 48 부탁하기

신세 좀 질게

▲ MP3 바로 듣기

#부탁해요 #감사합니다 #절대안돼

주옥같은 리얼 대화 Go!

Kate: **Can I ask you for a favor?**

Dan: Depends. What is it?

Kate: Can you look after my puppy for me?
I'm away for a week.

Dan: OK. **Not a big deal.**

Kate: **You're a lifesaver! I owe you one!**

Dan: **No problem.**

look after 돌보다　puppy 강아지

매일 쓰는 표현 Pick!

· **Can I ask you for a favor?** 너한테 부탁 좀 해도 돼?
부탁할 때 자주 쓰는 표현이에요.

· **Not a big deal.** 별거 아냐.

· **You're a lifesaver!** 네 덕분에 살았다(넌 내 생명의 은인이야)!
급하거나 곤란한 상황에서 도움을 준 사람에게 말해요.

· **I owe you one!** 너한테 신세 졌어!

· **No problem.** 아니야(괜찮아).
고맙다는 말에 대한 리액션으로 자주 쓰는 표현이에요.

해석

Kate	너한테 부탁 좀 해도 돼?
Dan	뭐냐에 따라 다르지. 뭔데?
Kate	우리 강아지 좀 돌봐줄 수 있어? 나 일주일 동안 집을 비우거든.
Dan	그래. 별거 아냐.
Kate	네 덕분에 살았다! 너한테 신세 졌어!
Dan	아니야.

거절은 확실하게!

우리나라 사람들은 부탁받은 일을 거절하기 어려워 돌려서 거절하는 경우가 많죠. 그런데 미국에서는 확실하게 거절의 의사를 표현해야 해요. 돌려서 말하면 의도가 잘못 전달될 수 있고, 또 그 의도를 파악하기 위해 시간을 낭비한다고 생각하기 때문인데요. 거절할 때는 "Sorry, I'm afraid I can't."(미안하지만, 안될 것 같아.)라고 확실하게 말하는 게 좋아요!

보너스 리얼 표현 Talk!

▲ MP3 바로 듣기

부탁할 때

나 좀 태워줄 수 있어? Can you give me a ride?

차를 태워주다, 데려다주다

내 택배 좀 받아 줄 수 있어? Can you pick up my packages for me?

택배를 받다

네 카메라 좀 빌려줄 수 있어? Can I borrow your camera?

빌리다

고맙다고 할 때

진짜 고마워! Thanks a lot!

감사합니다. I appreciate it.

'Thank you.'보다 더 고마울 때, 격식 있게 말할 수 있어요.

너한테 크게 신세 졌네. I owe you big-time.

크게

부탁 들어줄 때

그럼! Sure thing!

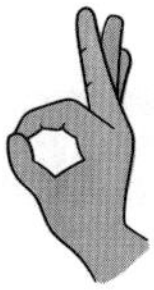

어려운 일 아냐. No sweat.

땀(sweat) 흘릴 일도 없이 쉬운 일이라는 표현이에요.

기꺼이 도와줄게. I'm happy to help.

I'm happy to: 기꺼이 ~하다

안된다고 거절할 때

미안, 안 될 것 같아. Sorry, I'm afraid I can't.

죽었다 깨어나도 안 돼. Over my dead body.

'내 눈에 흙이 들어가기 전까지 절대 안 돼!'라는 느낌의 표현이에요.

DAY 49 사과하기
한 번만 용서해줘

▲ MP3 바로 듣기

#진짜미안 #실수야 #괜찮아 #봐준다

주옥같은 리얼 대화 Go!

Gina: **It's about time.** You're late again!

Sam: Sorry . . . I got stuck in traffic.

Gina: **I'm fed up with** your excuses.
It's the fifth time already!

Sam: I know. **I didn't mean to** be late.

Gina: But you always are. It's so disrespectful.

Sam: I'm really sorry. **I'll make it up to you.**

excuses 핑계 disrespectful 무례한

매일 쓰는 표현 Pick!

- **It's about time.** 드디어 왔네.
'드디어 때가 왔다'는 말로, 옛~날에 일어났었어야 하는 일이 이제야 일어났을 때 써요.

- **be fed up with ~** ~에 질리다
your excuses, rain(비), it(그것) 등 너무 많이 겪어서 지긋지긋한 것을 넣어서 말해요.

- **I didn't mean to ~** 일부러 ~한 건 아니야 (~하려는 의도는 아니었어)

- **I'll make it up to you.** 나중에 꼭 갚을게(만회할게).
make up은 '실수를 만회하다'는 뜻으로, 사과할 때 많이 쓰는 표현이에요.

해석

Gina	드디어 왔네. 너 또 늦었잖아!
Sam	미안… 차가 막혔어.
Gina	네 핑계에 질린다. 벌써 다섯 번째잖아!
Sam	나도 알아. 일부러 늦은 건 아니야.
Gina	근데 넌 항상 그러잖아. 이건 예의가 아냐.
Sam	진짜 미안해. 나중에 꼭 갚을게.

별것이 다 미안한 미국인들

우리나라에서는 길에서 다른 사람과 부딪혔을 때, 심한 경우가 아니라면 아무 일 없었던 것처럼 지나가죠? 그런데 미국에서는 이러면 안 돼요! 살짝 스쳤어도 꼭 "I'm sorry."(미안합니다.)라고 해야 해요. 미국에서는 사소한 실수라도 상대방에게 바로 사과하는 것이 기본적인 예의로 여겨지기 때문이랍니다.

보너스 리얼 표현 Talk!

▲ MP3 바로 듣기

미안하다고 할 때

죄송합니다. I apologize.

'I'm sorry.'보다 더 정중하게 사과할 때 써요.

내 실수야. My bad.

사소한 잘못에 대해 캐주얼하게 쓰는 표현이니, 진지한 자리에서 쓰면 안 돼요!

다 내 잘못이야. It's all my fault.

fault: 잘못

폐를 끼쳐서 미안해. Sorry to put you out.

그건 사고였어. It was an accident.

→ a mistake 실수

다신 이런 일 없을 거야. It won't happen again.

won't: will not을 짧게 줄여 말했어요.

사과받아줄 때

신경 쓰지 마.

Never mind.

별거 아니니 신경 쓰지 말라며 쿨하게 넘기는 느낌이에요.

괜찮아.

That's all right.

걱정 마.

No worries.

사과받아줄게.

Apology accepted.

Apology: 사과

이번엔 내가 봐준다.

I'll let it slide this time.

let it slide: 실수나 잘못을 쓱~ 지나가듯 봐준다는 느낌의 표현이에요.

다음부턴 그러지 마.
(다신 이런 일이 없도록 해.)

Don't let it happen again.

DAY 50 격려하기

힘내! 토닥토닥

#우울 #극뽁 #걱정마 #힘내자

▲ MP3 바로 듣기

주옥같은 리얼 대화 Go!

Dan: **You look down. What's wrong?**

Sam: The driving test. **I blew it.**

Dan: Seriously? But you practiced so much.

Sam: Yeah. Driving **is not my thing.**

Dan: Don't worry. You'll **get the hang of it** soon.

Sam: I hope so.

seriously 진짜로, 진지하게 practice 연습하다

매일 쓰는 표현 Pick!

- **You look down.** 너 기분이 안 좋아 보여.
  아래로(down) 축~ 처지는 느낌을 떠올려 보세요.

- **What's wrong?** 괜찮아(무슨 일 있어)?

- **I blew it.** 나 그거 망쳤어.
  다 날려버린(blew) 것처럼 일을 크게 망쳤을 때 쓰는 표현이에요.

- **~ is not my thing.** ~은 나랑 안 맞아.
  is 앞에는 driving test, reading(독서) 등 잘하지 못 하는 일을 넣어서 말해요.

- **get the hang of it** (그 일을 하는데) 감을 잡다
  hang은 '걸다, 매달다'외에 '요령, 방법'이라는 뜻도 있어요.

해석

Dan	너 기분이 안 좋아 보여. 괜찮아?
Sam	운전면허 시험. 나 그거 망쳤어.
Dan	진짜? 근데 너 연습 많이 했잖아.
Sam	응. 운전은 나랑 안 맞아.
Dan	걱정 마. 곧 감 잡을 거야.
Sam	그랬으면 좋겠다.

미국의 운전면허 시험

미국의 운전면허 시험은 한국과 매우 달라요. 우선 미국에서는 필기시험과 시력검사를 마치고 Learner's Permit을 받아야 실기 시험 자격이 주어져요. 도로 주행 때는 시험용 차가 아닌 응시자가 가져온 차를 이용하고요! 또한, 면허 취득 가능 나이는 만 16살로, 청소년들은 운전면허 시험을 보기 위해 먼저 Driver's Education 수업을 들어야 한답니다.

보너스 리얼 표현 Talk!

▲ MP3 바로 듣기

힘들어 보이는 친구에게

왜 이렇게 속상해 보여?

Why do you look so upset?

angry 화난
worried 걱정스러워 하는

고민거리 있어?

What's bothering you?

고민거리가 너를 괴롭히고(bothering) 있는지 물어보는 표현이에요.

어떻게 된 거야?
(무슨 일이야?)

What happened?

얘기할 사람 필요해?

Need someone to talk to?

술 한잔하자.

Let's have a drink.

미국에서 drink는 무조건 술을 뜻해요. 다른 음료를 말할 땐
꼭 coffee(커피)처럼 명칭을 붙여야 해요!

위로/격려해 줄 때

다 잘될 거야. It'll all work out.
(work out: 일이 잘 풀리다)

걱정하지 마. Don't worry about it.

너무 깊게 생각하지 마. Don't overthink it.
(overthink: 너무 많이 생각하다)

조금만 더 버텨. Hang in there.
(Hang in: 힘들어도 포기하지 않고 꿋꿋하게 매달려(hang) 있는 모습을 상상해 보세요.)

기회는 항상 있어. There's always next time.

언제든지 기대도 돼. You can always turn to me.
(turn to: ~에게 의지하다)

초판 7쇄 발행 2023년 6월 5일

초판 1쇄 발행 2020년 5월 6일

지은이 해커스 어학연구소
펴낸곳 (주)해커스 어학연구소
펴낸이 해커스 어학연구소 출판팀

주소 서울특별시 서초구 강남대로61길 23 (주)해커스 어학연구소
고객센터 02-537-5000
교재 관련 문의 publishing@hackers.com
동영상강의 HackersTalk.co.kr

ISBN 978-89-6542-361-4 (13740)
Serial Number 01-07-01